Sandkerwa

Willy Heckel

Sandkerwa

Eine Hommage in neun Kapiteln,
einem Vorwort und einer Schlussbetrachtung
mit Fotografien von Emil Bauer, Werner Kohn,
Rudolf Mader, Alfons Steber und anderen

Verlag Fränkischer Tag

Titelbilder von Werner Kohn: vorne Sandkerwa-Gedränge 1983, hinten Fischerstechen 1983

Zu den Auftaktbildern:

Kapitel 1: Kupferstich vom Fischerstechen auf der Regnitz bei Bug anlässlich des Theresienfestes von 1833

Kapitel 2: Ankündigung der ersten Sandkirchweih am 11. September 1951 im „Fränkischen Tag" vom damaligen freien Mitarbeiter Willy Heckel (Original mit Honoraranstrich)

Kapitel 3: 15. September 1951, 16 Uhr: Der Stadtbus pflügt sich durch die Zuschauermenge beim Aufstellen des ersten Kerwabaums.

Kapitel 4: Mit voller Kraft voraus: Sandkerwa-Erfinder Franz Albinger

Kapitel 5: Schnappschuss für Nostalgiker: Kinderkarussell von 1956 am Leinritt

Kapitel 6: Kerwa-Vollzug vor gemalter Kerwa-Kulisse

Kapitel 7: Rosige Perspektiven: Einer wird gewinnen

Kapitel 8: Wo das „Gemör" am größten ist: zwischen Sandstraßenknie bei Schröppel und Katzenberg

Kapitel 9: Ozapft is! BV-Vorstand Gerold Braunreuther sticht 1999 das erste Fass an. Über die Schulter schauen ihm Oberbürgermeister Herbert Lauer (links), ein Kerwabesucher und Brauereibesitzer Georg Wörner (rechts).

Lektorat und Produktion: Monika Beer
Layout: Ines Müller
Satz und Gestaltung: Susanne Kraus
Reproduktion der Farbdias: Goba, Flohr GmbH, Erlangen
Reprodukion der Schwarzweiß- und Farbfotos: Walter Hanschkow
Gesamtherstellung: Fränkischer Tag GmbH & Co. KG

ISBN 3-928648-59-4
Printed in Germany

Zum Inhalt

Vorwort

Man mag in seinen eigenen Erinnerungen kramen so lange man will, mag in den Archiven wühlen, mag suchen und forschen, nachlesen und abwägen: Es gibt nichts in der zweiten Hälfte des 20. Jahrhunderts, das die Menschen in Bamberg ähnlich nachhaltig bewegt hätte wie die 1951 erfundene Kirchweih im Sand. Sie ist die eigentliche Bamberger Erfolgsstory dieser fünf Jahrzehnte, und wie es aussieht, wird sie es über ihren 50. Geburtstag im Jahre 2000 hinaus auch bleiben, vorausgesetzt, die von ihr „bewegten" Bamberger sehen davon ab, sie vor lauter Liebe zu erdrücken.

Wenn wir mit diesem Buch Anlässe, Motive, Erfolge, Erlebnisse, Enttäuschungen und Erwartungen in fünfzig Jahren Sandkerwa beschreiben, im Bild dokumentieren und festhalten wollen, dann auch in der Absicht, zugleich mehr darüber zu erfahren und aufzuzeigen, wie der Bamberger gern feiert. Und das ist nicht unwichtig. Im Feiern, im Umgang miteinander bei den Festen offenbart sich die Volksseele mehr als im Alltag. „Sage mir, wie du feierst, und ich sage dir, wer du bist" heißt es frei nach Goethe.

Durch die Sandkirchweih erhalten wir also Aufschlüsse über den „wahren" Charakter des Homo bambergensis, und wir erfahren insbesondere, wie der Bamberger mit seiner Stadt beim Feiern umgeht. Ohne das Ergebnis unserer „Untersuchungen" vorwegnehmen zu wollen, steht fest: Er braucht sie, seine Stadt, braucht sie gerade und vor allem beim Feiern. Und das ist so schön und gut – und gar nicht so selbstverständlich –, dass es sich lohnt, darüber ein Buch zu schreiben und es gleichsam zum Beweis mit Bildern voll zu packen, was zwischen zwei Buchdeckel nur hineingeht.

Willy Heckel

1

KAPITEL

Wie die Bamberger gefeiert haben, als es noch keine Sandkirchweih gab

Nur ein Schuldenberg blieb übrig

Ja, haben sie denn überhaupt gefeiert, in jenen Zeiten ohne Sandkirchweih, möchte man aus heutiger Sicht fragen? Natürlich haben sie gefeiert, denn die Bamberger sind trotz aller „Bigotterie" und „geistigen Finsternis", die ihnen zum Beispiel anno 1781 der Schriftsteller Friedrich Nicolai nachsagte, immer ein recht vigilanter Schlag gewesen, in Maßen sogar ein lustiges Völkchen, dies allerdings mit dem Hang, ein wenig zu kräftig zu zechen, was wohl den Bamberg-Beschreiber Georg Rumpel 1654 zu dem Urteil bewog, Bamberg sei „der lustigste Ort fast in ganz Teutschland". Allerdings sollte man bei dieser Wertung vorsichtig sein, denn das Adjektiv „lustig" hatte anno dazumal auch beziehungsweise eher die Bedeutung von „interessant" und „schön". Abgesehen davon steht der Rumpelschen Wertung ein (literarisches) Urteil entgegen, wonach „das lustigste in Bamberg das Militär ist und seine Manöver"; es stammt aus dem Jahr 1789 und von dem Reisejournalisten Philipp Ludwig Röder, der auch ansonsten kaum ein gutes Haar an Bamberg fand. Schwamm drüber!

Hier interessiert uns ohnehin mehr die Frage, was die Bamberger früher (gemeinsam) gefeiert haben und wo und wie sie's taten. Dabei wollen wir aber nicht zu weit zurückschweifen in unsere tausendjährige Geschichte, sondern uns mit den letzten beiden Jahrhunderten begnügen – dem 19. und dem 20. Jahrhundert, dessen Kind ja auch die Sandkirchweih ist. Unbestritten: Die meisten Feste hatten einen kirchlichen Anlass, waren die Kirchweihen. Aber: Trotz der Dominanz, die der Dom unter den Bamberger Kirchen einnimmt, hat die Domkirchweih es zu keiner Zeit geschafft, das Fest aller Bamberger zu werden – wenn man einmal von der Domweihe absieht, als sich am 6. Mai 1012, dem 40. Geburtstag „unseres" Kaisers Heinrich II., alle 36 deutschen Bischöfe nebst Würdenträgern in Bamberg versammelt hatten. Da stand die Bevölkerung der jungen Stadt nicht abseits, sondern feierte kräftig mit.

Unbestritten ist ferner, dass die beiden großen Prozessionen im Jahreskreis, die Fronleichnamsprozession und die Prozession zu Ehren des Bistumsgründers Heinrich, über ihren geistlichen Rang hinaus immer zugleich als wahre Volksfeste begangen wurden. Auch dafür gibt es einen Beleg, geschrieben von dem Romantiker Wilhelm Heinrich Wackenroder, der 1793 festhielt: „Diese beiden Prozessionen sind übrigens die einzigen, die alle Jahre in Bamberg gehalten werden; ehedem waren sie noch weit größer, aber auch tumultarischer, da die ganze Bürgerschaft, nicht bloß ein kleiner Teil wie jetzt mit auszog. Auch fingen schon in der Nacht vorher immer die ausgelassensten Trinkgelage und der wildeste Lärm an. Allein seit etwa zehn Jahren ist dieser Unfug durch Verordnungen sehr gemindert."

Mit den Kirchweihen ging es ähnlich. Auch sie arteten im 19. Jahrhundert immer mehr aus, weg vom frommen Anlass hin zu immer weltlicher werdenden Gelagen und Exzessen, so dass sich die Obrigkeit, sprich: in unserem Falle das Königreich Bayern, veranlasst sah, sie zu einer sogenannten „Allgemeinen Kirchweih" zu bündeln und dafür einen Termin bereitzustellen. Am dritten Sonntag im Oktober hieß es also: So, nun feiert mal schön gemeinsam! Das Volk nahm's hin, doch die Allgemeine Kirchweih blieb blass und ohne Bindung zu den Leuten. Was in Bamberg an sie erinnert, ist eigentlich nur der Termin des Herbstplärrers. Er geht auf die Allgemeine Kirchweih zurück.

Nun braucht das Volk aber die Feste, denn ohne sie ist das Leben „eine weite Reise ohne Gasthaus", schrieb schon der griechische Philosoph Demokrit. Also suchte man auch in Bamberg nach möglichen Anlässen für das gemeinsame Feiern. Und wurde bald fündig: Ab 1833 feierte man im Süden der Stadt alljährlich das Theresienfest, dessen Schutzherrschaft – daher der Name – die Gemahlin des

Auch sie sind längst oder werden noch Sammlerstücke: das älteste und das jüngste Plakat

bayerischen Königs Ludwig I., Therese, übernahm. Ein Fest auf der heute so sprichwörtlichen grünen Wiese – weit weg von der Stadt, die nur noch als Silhouette, als Hintergrund diente, dafür aber mit viel Platz für alle möglichen Attraktionen und Volksbelustigungen, die sich eine mittelgroße Stadt wie Bamberg nur einfallen lassen und leisten konnte. Immerhin: Die Theresienfeste auf dem Gelände des heutigen Stadtteils Gereuth bis hin zum rechten Regnitzarm feierte ganz Bamberg, nicht nur ein Stadtteil.

Es ist uns eine recht anschauliche Schilderung dieser Theresienfeste überliefert, geschrieben von dem weit herum gekommenen Reiseschriftsteller Hermann Fürst von Pückler-Muskau, die Gerhard C. Krischker in seinem Buch „Ich habe Bamberg liebgewonnen“ ausführlich zitiert. Es heißt da: „Obgleich man vor den Staubwolken, die den ganzen Raum bedeckten, Alles nur wie hinter einem Flor erblickte, so nahmen sich doch die vielen weiß und blauen Tribünen, Zelte und Fahnen sehr festlich aus. Eine Menge Lauben waren außerdem von Tannenreisern dicht und kunstreich aufgerichtet worden und strezten von Biergästen beiderlei Geschlechts, deren Lustigkeit gravitätischer war als ich erwartete, und heute eine auffallende Disette an hübschen Frauengesichtern zeigte. Viele Glückshäfen, Spiele und Lotterien waren in Buden zwischen den Lauben verteilt, die mich am meisten anzogen, denn hier, wo die leidenschaftliche Theilnahme an Gewinn und Verlust diese gemeinen Classen ausschließlich beseelt, sind ihre primitiven Charakternüancen am besten zu studieren.“ So weit der reiselustige Fürst.

Die Theresienfeste wurden nicht alt. Nach sechs Jahren schliefen sie wieder ein, übrigens auf einem Schuldenberg von 4000 fl. Nur die Theresienstraße erinnert noch an sie und ein paar Skizzen, Pläne und Prospekte, die das Stadtarchiv verwahrt: Erinnerung an den Anlauf, ein für ganz Bamberg verbindliches und von den Bürgern aller Stadtteile angenommenes (und geliebtes) Volksfest zu kreieren.

Seitdem versuchten die Bamberger, sich an Festen verschiedenster Anlässe und Prägungen zu verlustieren. Sie richteten Turner- und Sängerfeste größten Ausmaßes aus, feierten im Hain und im Volkspark, sie stillten ihren Bedarf an Feiern im Rahmen der zahllosen Vereine, die in jenen Jahren in der zweiten Hälfte des 19. und den ersten Dezennien des 20. Jahrhunderts wie Pfiffer nach dem Regen aus dem Boden schossen, sie feierten die Kirchweihen und begingen die großen geistlichen Zeitmale wie etwa die 700. Wiederkehr der Heiligsprechung „ihrer“ Kaiserin Kunigunde nicht nur im frommen Gebet, sondern mit kompletten Festwochen und großem Gelage, weil nach einer alten Bamberger Regel halt Leib und Seele zusammengehören. Nur eines schafften die Bamberger nicht: ein Volksfest für alle Bamberger zu finden. Das sollte sich ändern.

Machen wir aber zunächst eine Momentaufnahme des sommerlichen Feierns in Bamberg aus dem Jahre 1951, jenem Jahr, in dem unsere Geschichte der Sandkirchweih beginnt. Da setzte Mitte Juli die Henrici-Fest- und Sportwoche ein. Bambergs Sportvereine unternahmen alle Anstrengungen, derer sie fähig waren, um dieser Festwoche Bedeutung für die ganze Stadt und darüber hinaus für das angrenzende Bamberger Umland zu geben: Festzug mit 2000 Teilnehmern hinaus ins Stadion, wo das Heinrichsfest seine Mitte haben sollte; Schaulaufen des Weltmeisterpaares im Rollschuhlaufen, Ria Baran und Paul Falk, auf der Rollschuhbahn im Volkspark; Ringkampf des KSV (Kraftsportvereins) gegen eine Nürnberger Stadtauswahl; Stadtmeisterschaften im Geräteturnen am Schönleinsplatz (!) und der Leichtathleten in der Hauptkampfbahn; Boxkampf zwischen dem ETSV 1930 (Eisenbahner Turn- und Sportverein) und Olympia Weiden; Brillantfeuerwerk. Frage: Was ist davon im heutigen Ablauf der Feste in Bamberg geblieben? Antwort: Eigentlich nur die Erinnerung.

Weiter im Jahr! Vom 21. bis 23. Juli 1951 wurde zum zweiten Male nach dem 1945 zu Ende gegangenen Krieg die 450-jährige Tradition der Wunderburger Kirchweih wieder aufgenommen. Der „Fränkische Tag" schrieb, sie habe Besucher aus den „entferntesten Enden der Stadt" angezogen. Die Wunderburger Blaskapellen spielten auf, im Licht- und Luftbad am Kunigundendamm/Luitpoldhain wurde eine „Freitanzdiele" eingerichtet, es wurde getrunken und gezecht, was der schmale Geldbeutel hergab. 14 Tage später folgte die Stephansberger Kirchweih. Am Kirchweihsamstag wurde der „Polarbärkeller" eröffnet. Im FT hieß es, die Kellner seien mit dem Schleppen der Maßkrüge nicht mehr nachgekommen, die Bratwürste hätte man den Bratern „buchstäblich aus den Händen gerissen". Es herrschte Hundstagewetter. Hans Leibner, Direktor der „Bamberger Hofbräu" an der Pödeldorfer Straße, meldete für Freitag, den 3. August, einen Rekordausschank von 606 Hekto – das sind nach Adam Riese immerhin 60 600 Liter.

Es folgte im August die Kirchweih in der Gartenstadt, obwohl diese noch gar keine Kirche hatte, sehr wohl aber den Plan wälzte, eine solche zu bauen. Man brachte eine Festzeitung auf den (Gartenstädter) Markt mit dem Titel „Der lustige Gartenstädter", pflanzte eine „Feierabendlinde" und spielte Fußball: Stammtisch „Freie Scholle" gegen den TSV Eintracht. Der Bratwurstduft war kaum im Hauptsmoorwald verweht, da begann das Kirchweihfeiern am entgegengesetzten Ende der Stadt, in den Brauereien Greifenklau, Doppel, Röckelein und Kaiserwirt am Kaulberg. Die Laurenzikirchweih 1951 hatte indes das gleiche Manko wie die Gartenstädter Kirchweih jenes Jahres: Die Laurenzikapelle als Anlass des Festes gab es noch nicht wieder, doch der FT meinte zuversichtlich, dass die Kaulberger nicht ruhen würden, bis das durch Bomben zerstörte Kirchlein wiedererstanden sei. Sie hielten ihr Wort. Vorerst leerten sie zum Beweis ihres bürgerlichen Opferwillens ungezählte Maßkrüge. Sie feierten auch im Gesellenhaus und in dem längst nicht mehr vorhandenen Gasthaus „Stadt Würzburg" zwischen Laurenziplatz und Hohem Kreuz links, wo unter den hohen Bäumen des Biergartens sogar einem Konzert gelauscht werden konnte. Und der FT hielt fest, dass „mitten unter seinen Kaulberger Schäfchen" wohlgemut der US-Resident Officer Nathan Preston gesessen sei – in bester Kirchweihstimmung.

Last not least spielte an diesem 15. August 1951 auch noch der 1. FC Bamberg zum Jubiläum seines 50-jährigen Bestehens gegen jenen Verein, der sein erster Gegner überhaupt gewesen war: gegen den Club aus Nürnberg. Das Spiel endete vor mehr als 7000 Zuschauern mit dem gleichen Ergebnis wie nach dem ersten Aufeinandertreffen fünfzig Jahre zuvor. 3:2 hieß es für die Gäste aus der Noris. Der FC spielte mit Ulzheimer, Beßler, Brandt, Großkopf, Greb, Pickel, Ernst, Görtler, Schröder, Neller und Thoß. So jedenfalls stand's in der Zeitung.

Damit wäre, von den Gaustadtern abgesehen, die damals noch nicht zu Bamberg gehörten, das Kirchweihjahr 1951 gelaufen gewesen, wenn sich da nicht etwas Neues angekündigt hätte: die erste Kerwa im Sand, von der zunächst nichts weiter bekannt war als die gute Absicht, den Bambergern zum Ausgang dieses Sommers zu den diversen, bereits gefeierten Festen ein weiteres zu bereiten. Niemand konnte ahnen, dass es das Fest der Feste werden würde. Niemand? Wir werden sehen.

KAPITEL 2

Die Vision von Malermeister Franz Albinger: etwas Neues im ganz Alten

Kerwa im Sand mit Lampionfahrt

Eine „Pfunds-Kerwa" soll nach den Plänen des Bürgervereins für den vierten Distrikt die Sand-Elisabethenkirchweih am Samstag und Sonntag werden. Durch die Häufung von Gaststätten in diesem Gebiet wird sicherlich ein Mordsbetrieb herrschen. Am Samstag wird durch die Sandstraße der Kirchweihbaum eingeholt und vor der Elisabethenkirche aufgestellt. Die Sandstraße wird durch festliche Illumination und Birkensmuck ihr Gesicht verwandeln. Am beleuchteten Klein-Venedig vorbei wird am Samstagabend der Bamberger Faltboot-Club mit 54 Booten eine bunte Lampionfahrt unternehmen, an der sich auch das Haindampferla mit einer Musikkapelle beteiligt. Lustbarkeiten für Kinder, Karussells, Schieß- und Zuckerbuden werden aufgebaut. Am Sonntagvormittag findet ein Festgottesdienst in der Elisabethenkirche statt.

Kerwa in Bamberg-Ost

Etwas bescheidener als in anderen Stadtteilen hat Sonntag auch Bamberg-Ost sein Kirchweihfest begangen. Symptomatisch waren auch hier die delikaten Bratwurstdüfte, die, von einigen Bratereien ausgehend, die Straßen durchzogen. Einen Kerwabaam hatte man sich gespart, dafür am Heinrich-Weber-Platz einige Kirchweihstände aufgebaut, die sich eines lebhaften Zuspruchs erfreuen konnten. Auch in den Gaststätten Bamberg-Osts herrschte reges Leben bis spät in die Nacht hinein. Den Höhepunst der Kirchweih bildete zweifelsohne die festliche Weihe der neuen Orgel in St. Heinrich.

Ein Volksfest im Sand unter dem Dom

Bevor die Kirchweih im Sand Gestalt annehmen konnte, musste sie erst im Kopf eines Einzelnen oder in den Köpfen mehrerer erfunden werden. Obwohl auch hier der Erfolg viele Väter hat, dürfen wir davon ausgehen, dass die Sandkerwa-Idee zuerst im Kopf des damals gerade fünfzig Jahre alten Malermeisters Franz Albinger gezündet hat. Albinger, Hausherr im sogenannten Sandschlösschen gegenüber der St.-Elisabethen-Kirche, war um diese Zeit Zweiter Vorsitzender des Bürgervereins IV. Distrikt, das ist jener Stadtbereich, in dem das Sandgebiet liegt: der schmale Streifen am Fluss unter dem Dom bis hinunter zum alten Krankenhaus. Albinger nahm eine Anregung der beiden Gastwirte Helmut Wende vom „Griesgarten" und Edmund Schlegel vom „Ahörnla" (Brauerei Einhorn) auf, ähnlich wie in anderen Bamberger Stadtteilen auch im Sand eine Kirchweih zu feiern, eben die Kirchweih von St. Elisabeth. Die beiden Gastwirte hofften, dass mit Hilfe eines solchen Festes ein bisschen mehr Prosperität und Leben im Sand einkehren würde – was ebenso verständlich wie wünschenswert war, schließlich schrieb man um diese Zeit erst das Jahr 1950, und das gehörte mit Sicherheit eher zu den mageren als zu den fetten Jahren, die Bamberg in der zweiten Hälfte des 20. Jahrhunderts erleben sollte.

Am 25. Juli 1950 trug Franz Albinger die Idee von einer Kirchweih im Sand in einer Mitgliederversammlung des Bürgervereins IV. Distrikt erstmals öffentlich vor. Albinger war sich bereits zu diesem Zeitpunkt mit dem Kassier des Bürgervereins, Matthäus Deubert, darüber einig, dass die von ihm vorgeschlagene Kirchweih anders sein müsste als die um diese Zeit bereits üblichen Kirchweihfeste in den anderen Teilen der Stadt, insbesondere in der Wunderburg und auf dem Kaulberg. Ihm schwebte vor, in den Mittelpunkt dieser Kirchweih im Sand nicht nur die Erinnerung an die Weihe von St. Elisabeth zu stellen, zumal darüber kaum verlässliche historische Belege vorlagen, sondern die Kirchweih von St. Elsbeth im Sand als Anlass zu nehmen, ein neues Volksfest in Bamberg dort zu feiern, wo Bamberg am ältesten ist: im Sand unter dem Dom. Bühne für dieses Volksfest sollte nicht nur der unmittelbare Bezirk rund um die Kirche St. Elisabeth sein, sondern das gesamte Sandviertel unterhalb des Alten Rathauses, jener eng gestellte Altstadtbezirk beidseits der Sandstraße, zwischen Fluss und Berg, mit seinen schmalen Gassen, seinen leicht abschüssigen kleinen Plätzen, dem Uferstreifen des Leinritts, und mittendrin die Regnitz, ihre Heiterkeit, ihr Changieren zwischen Tag und Nacht, ihr Glitzern und ihr sanftes Raunen und der Zauber, den sie von Klein-Venedig empfängt (und den sie ihm gibt).

Damals fast revolutionär

So plausibel und logisch sich diese Idee heute anhört und liest, so neu und fast ein wenig revolutionär war sie zur Zeit, als sie empfangen und formuliert wurde. Die ersten Jahre nach dem Ende des schrecklichen Krieges von 1939 bis 1945 waren Jahre des (vermeintlichen) Aufbruchs. Man suchte nach neuen Formen des politischen und gesellschaftlichen Zusammenlebens, suchte das Neue und übersah oft das Alte und die Aufgabe, aus ihm Lehren zu ziehen und es zu „bewältigen". Diese Einstellung prägte sehr häufig auch das Verhältnis zu dem, was der Krieg einem gelassen hatte: im Falle Bamberg zum Beispiel eine nahezu unbeschädigte historische Altstadt. Den meisten Bürgern und auch der öffentlichen Meinung war noch lange nicht die Gnade und die Einmaligkeit dieses Geschenkes bewusst, ebenso wenig die Verpflichtung zu seiner pfleglichen Behandlung. Wie sonst wäre in den ersten Jahren nach dem Krieg so unbekümmert weggenommen und verändert worden, was den Charakter ganzer Straßenzüge ausmachte. Das war die Zeit, als man alten Häusern ohne

Skrupel ihren „Unterleib" nahm, wie es Dr. Michel Hofmann formulierte, und ihnen stattdessen nichtssagende Ladengeschosse implantierte.

Und partout jetzt kommt einer daher und empfiehlt, die alte gebrechliche Stadt trotz all ihrer Enge, ihrer Ungelüftetheit, ihrer kleinteiligen Struktur als Raum für eine große Feier der Bürger zu entdecken, es zumindest auszuprobieren, ob sich hier ein Fest ausrichten lässt, das anders ist: unverwechselbar, ungenormt, inspiriert von nachbarschaftlicher Wärme, von der Nähe zueinander, der direkten körperlichen Berührung mit der alten Stadt! „Probieren sollten wir's", sagte sich der Bürgerverein und entsandte eine Delegation ins Rathaus, um der Sandkirchweih den Weg zu bereiten.

Sturzgeburt nach kurzen Wehen

Der Delegation des Bürgervereins, die im Rathaus sondieren wollte, ob sich der Plan einer Kirchweih im Sand verwirklichen ließe, gehörten neben Franz Albinger der Vorstand des Bürgervereins IV. Distrikt, der Drogist Georg Kaiser, und der bereits genannte Kassier des Vereins, der Elektromeister Matthäus Deubert, an. Nach dreieinhalb Stunden ergebnislosen Verhandelns mit den für das Abhalten eines Volksfestes zuständigen Beamten verließen sie „niedergeschlagen und mutlos", so steht es in der Vereinschronik, das Rathaus. Überliefert ist das Zitat des BV-Vorsitzenden Kaiser: „Schmeißt den Kirchweihplan ins Wasser, dann haben wir wieder unsere Ruh'!"

Kaiser soll, kaum dass ihm dieser Stoßseufzer entwischt war, ihn auch schon bereut haben. Er empfahl, den Kirchweihplan nicht aufzugeben und in einem zweiten Anlauf noch einmal den Versuch zu unternehmen, Interesse, Zustimmung und Unterstützung der Stadt zur Abhaltung einer Kirchweih im Sand zu erhalten. Dieses Mal wollte man nicht im zuständigen Amt vorstellig werden, sondern gleich zum Oberbürgermeister gehen. Der hieß Luitpold Weegmann, und er sagte nicht nur die Hilfe der Stadt zu,

Half den Armen, verhalf Bamberg zur Sandkerwa: gotische Elisabeth aus St. Elsbeth im Sand

sondern erklärte sich vielmehr auch bereit, seine Hand über das geplante Fest zu halten; 1953 übernahm er offiziell die Schirmherrschaft. Die Sandkirchweih war auf dem Gleis.

Nun überschlugen sich die Dinge. Innerhalb weniger Monate erstand das Programm einer Kirchweih völlig neuen Stils. Statt Autoskooter und Kettenkarussell, großer Fahrgeschäfte und anderer, sonst üblicher Volksfestattraktionen einschließlich der in Mode gekommenen großen Bierzelte eine vergleichsweise winzige Vergnügungsmeile am Leinritt, dafür die Illumination von Klein-Venedig und vor dessen malerischer Kulisse eine „Italienische Nacht" mit der Auffahrt geschmückter Boote und Schelche. Selbstverständlich auch mit Gottesdienst und Kirchweihbaum,

-mit festlichem Umzug, Standkonzert und Hahnenschlag, und das alles in einem Stadtteil, der sich herausputzen und schönmachen wollte, damit es den Besuchern aus der ganzen Stadt auch gefiele, hier zu feiern – auf den Straßen, in den engen Gassen, den Höfen und in den vielen Gasthäusern, die in keinem anderen Teil der Stadt so eng beieinander standen wie hier im Sand. Als Termin hatte man sich die drei Tage vom 15. bis 17. September 1951 ausgesucht. Damit war zugleich die Kollision mit den anderen, bereits traditionellen Bamberger Distriktskirchweihen vermieden.

Fröhliche Kirch-Geher mit dem Modell der Elisabethkirche beim historischen Festzug 1954

Start frei also für eine fränkische Kirchweih, die von Anfang an mehr einem Altstadtfest denn einer Kerwa glich: Sie war nämlich eine Aufforderung, im ältesten, durch glückliches Geschick unzerstört gebliebenen Kern der Altstadt bürgerliche Nähe zu erleben und mit und in der Stadt, genauer gesagt: in einem ihrer schönsten Quartiere ein Fest zu feiern, das sich abhob von anderen, das typisch war für Bamberg und mit dem sich alle Bamberger anfreunden konnten. Und ein Fest auch, das weit hinausstrahlen sollte ins Bamberger Land, ins Fränkische: Kommt und feiert mit! Damit war die Sandkirchweih 1951, ohne dass das jemand ahnen konnte, zugleich Modell für viele Altstadtfeste, die in den folgenden Jahren an anderer Stelle erfunden und eingeführt wurden.

Bereits die Vorfreude machte Kräfte frei. Das konzipierte Programm gefiel auf Anhieb so gut, dass sich erste Förderer fanden, die Bürgermeister Anton Hergenröder und Georg Grosch gehörten dazu. Es wurden

Auf zur **Sand-Elisabethenkirchweih**

vom 15. mit 17. September 1951

Der Bürgerverein IV. Distrikt hat sich entschlossen, in der alten barocken Sandstraße, in deren Mittelpunkt sich die 600 Jahre alte gotische Elisabethenkirche befindet, ein Kirchweihfest aufzuziehen. Mit Stolz blicken die Bürger dieses Viertels auf die frühere bürgerliche Stiftung des Elisabethenspitals mit Kirchlein zurück, das an der Regnitz mit seinem idyllischen Klein-Venedig liegt. Dieses Viertel wurde glücklicherweise von Kriegseinwirkungen verschont, und so ist Grund vorhanden, einmal im Jahr ein Kirchweihfest zu Ehren der St. Elisabethenkirche abzuhalten. Durch Gemeinschaftssinn aller Bürger werden die Straßen in festlichen Schmuck verwandelt werden. Bürgerlich und behaglich sind die zahlreichen Gaststätten dieser alten Geschäftsstraße, für Speisen, Getränke und Lustbarkeiten aller Art ist bestens gesorgt; darum auf zur ersten Sand-Elisabethenkirchweih!

Wege geebnet und Steine aus dem Weg genommen, zum Beispiel dieser: Rechtzeitig vor der ersten Sandkirchweih fiel der Stacheldrahtverhau vor dem Landsgerichtsgefängnis, der nach Kriegsende aus Sicherheitsgründen dort gezogen worden war, so dass der Leinritt nun wieder durchgehend begangen werden konnte – eine wichtige Voraussetzung für „Regie" und Funktionieren der Sandkirchweih. Auch nach innen entwickelte der Bürgerverein neue Initiativen. So gründete sich noch vor dem Kerwa-Auftakt am 9. September die „Sand G'ma" unter Vorstand Sebastian Faßlrinner. Einer ihrer ersten Beschlüsse sollte es sein, den Hahnenschlag zum Kirchweihschluss auszurichten – und das tut sie bis auf den heutigen Tag.

Was in den Tagen vor der ersten Sandkerwa in den ersten Septemberwochen 1951 noch fehlte (und ungewiss war): die Zustimmung der Bamberger, für die das Fest ja gemacht werden sollte. Die bange Frage lautete: Werden sie kommen? Oder werden sie, kirchweihmüde, daheim bleiben? Mit diesen Fragen beginnt auch die Arbeit der Sandkerwa-„Öffentlichkeitsarbeiter" – eine Spezies, der bereits an dieser Stelle versichert werden kann, dass ihre „Botschaft" gehört wurde. Von Hunderttausenden.

Erste „Pfundige" Nachrichten

Die erste Meldung über die erste Kirchweih im Sand finden wir am 11. September 1951 im „Fränkischen Tag": ein kleiner zweispaltiger Bericht mit der Überschrift „Kerwa im Sand mit Lampionfahrt", verfasst von einem gewissen WH.

Likör-Mahr
Ausschank der altbewährten
Mahr's Erzeugnisse
Dominikanerstraße 10

Wohin an der Sandkerwa?
Natürlich in's **Ahörnla**
mit der anerkannt guten Küche und den gepflegten Bieren.
An den Kirchweihtagen **Kerwamusik.**

Gasthof „Blaue Glocke"
ladet Sie ein zu den bekannten **Kirchweihspezialitäten** • ff Michaelsberger Biere und sonstige diverse Getränke • **Stimmungskonzerte** • **Hahnenschlag der Sand-Gma.**

Beim Pizzini trink' Dein Wein,
Sonst kann des ka Kerwa sein!
Weinhaus Carlo Pizzini
Obere Sandstraße 17
Schoppen ab DM –.60. Wildenten, Wildschweinebraten u. a. m.

Hüft- u. Büstenhalter
modisch, elegant und haltbar, jetzt besonders preiswert im
Sanitätshaus Bickel
Obere Sandstr. 13 • Eigene Maßabteilung • Beste Erfolge

VICTORIA
KR 25 Aero 250 ccm

mit dem neuen Hochleistungsmotor • 10,2 PS • 100 km/Std.
jetzt lieferbar
Siegfr. Bürger
Bamberg
Ob. Sandstr. 9 Telefon 2866

Es heißt da: „Eine ‚Pfunds-Kerwa' soll nach den Plänen des Bürgervereins für den vierten Distrikt die Sand-Elisabethenkirchweih am Samstag und Sonntag werden." Das Adjektiv „pfundig" hatte damals die Bedeutung „prima"; heute würde man vermutlich „klasse" sagen. Eine „Klasse-Kirchweih" sollte sie also werden – die Sandkirchweih Nr. 1. WH zählte dann auf, was sie zu bieten versprach: „Am beleuchteten Klein-Venedig vorbei wird am Samstagabend der Bamberger Faltboot-Club mit 54 Booten eine bunte Lampionfahrt unternehmen, an der sich auch das Haindampferla mit einer Musikkapelle beteiligt. Lustbarkeiten für Kinder, Karussells, Schieß- und Zuckerbuden werden aufgebaut." Der Bericht schließt mit dem Hinweis, dass gleichzeitig mit der Sandkirchweih die „Ostkirchweih" auf dem Heinrich-Weber-Platz stattfinde; ihr Höhepunkt sei die Weihe der neuen Orgel von St. Heinrich. Punktum. Hinzufügen sollte man den Hinweis, dass WH, der diesen Vorbericht geschrieben hat, niemand anderer ist als der Autor des Buches, das Sie gerade lesen. Er war damals als Student freier Mitarbeiter des FT. Dass ihm, dem freien Mitarbeiter, das Schreiben überlassen wurde, lässt zugleich die Skepsis erkennen, mit der zumindest die Damen und Herren Redakteure dem Vorhaben Sandkirchweih begegneten. Hätten sie geahnt, welcher Erfolg diesem Unternehmen beschieden sein würde – wir dürfen sicher sein: Sie hätten dann selbst zur Feder gegriffen.

Reaktion aus dem „Café Sandbad"

1952 schrieb die Vorstandschaft des Bürgervereins IV. Distrikt die Leitung des Landgerichtsgefängnisses am Leinritt an, um bei der diesjährigen Sandkerwa zu verhindern, was bei der Kirchweih des Vorjahres leider geschehen war: Aus Protest gegen die fröhliche Stimmung draußen vor den Gittern ihrer Zellen hatten mehrere Gefängnisinsassen den Inhalt ihrer Gefäße und Töpfe auf die Köpfe der Festbesucher herabgeschüttet. Inzwischen nehmen auch die Insassen des „Cafés Sandbad", wie das Bamberger Gefängnis verbal liebevoll verbrämt wird, an der Kirchweih teil: Sie kriegen was Gutes, nämlich Kirchweihkrapfen und/oder Bratwürste.

Vier Tage später, am 15. September 1951, erscheint im „Fränkischen Tag" ein stattliches sogenanntes Anzeigenkollektiv, also eine Sonderveröffentlichung in Form von gebündelten Anzeigen zusammen mit einem Text, dessen Verfasser der Bürgerverein ist. Die Überschrift animiert: „Auf zur Sand-Elisabethenkirchweih vom 15. bis 17. September". Und dann lässt der Bürgerverein deutlich wissen, warum und mit welchem Ziel er zu dieser „seiner" Kirchweih einlädt. Er schreibt:

„Der Bürgerverein IV. Distrikt hat sich entschlossen, in der alten barocken Sandstraße, in deren Mittelpunkt sich die 600 Jahre alte gotische Elisabethenkirche befindet, ein Kirchweihfest aufzuziehen. Mit Stolz blicken die Bürger dieses Viertels auf die frühe bürgerliche Stiftung des Elisabethenspitals mit Kirchlein zurück, das an der Regnitz mit seinem idyllischen Klein-Venedig liegt. Dieses Viertel wurde glücklicherweise von Kriegseinwirkungen verschont, und so ist Grund vorhanden, einmal im Jahr ein Kirchweihfest zu Ehren der St. Elisabethenkirche abzuhalten. Durch Gemeinschaftssinn aller Bürger werden die Straßen in festlichen Schmuck verwandelt werden. Bürgerlich und behaglich sind die zahlreichen Gaststätten dieser alten Geschäftsstraße; für Speisen, Getränke und Lustbarkeiten aller Art ist bestens gesorgt; darum auf zur ersten Sand-Elisabethenkirchweih!"

Diesem Text folgte das genaue Programm, das wir im nächsten Kapitel wiedergeben.

3
KAPITEL

Die „Mutter-Kerwa": ein Festtag für die Stadt mit euphorischer Resonanz

Und zum Parken auf den Katzenberg!

Einholen des ersten Kerwabaums anno 1951

Aus Respekt vor der „Mutter" aller bisher gehaltenen 49 Sandkirchweihen meinen wir, dass es richtig wäre, das Programm der Sandkerwa 1951 noch einmal zu veröffentlichen. Es lautete:

Samstag, 15. September 1951
16 Uhr Einholung des Kerwa-Baumes vom Krankenhaus bis zur Elisabethenkirche mit Musik. Eine Reitergruppe mit Festwagen wird den Zug eröffnen. – Aufstellen des Baumes an der Elisabethenkirche. Anschließend Standmusik in der Unteren und Oberen Sandstraße und am Katzenberg. – Beginn der Bierprobe in allen Lokalitäten. – Um 19.30 Uhr vom Bamberger Faltbootclub Italienische Nacht mit Musik auf der Regnitz, Klein-Venedig wird angestrahlt, Illumination des Leinritts.

Sonntag, 16. September 1951
9 Uhr Festgottesdienst an der Elisabethenkirche. – Beginn des Kirchweihtreibens nach dem Gottesdienst. – Nachmittags und abends Dampferfahrten mit Musik, Einsteigegelegenheit am Kranen, Fahrt bis Spinnerei und zurück, mit Absteigegelegenheit am Leinritt. – Abends Beleuchtung mit Illumination von Klein-Venedig.

Montag, 17. September 1951
Hahnenschlag, Stimmungsmusik in den verschiedensten Lokalen. An allen drei Tagen in verschiedenen Lokalen Tanz, außerdem Volksbelustigungen: Karussells, Schießbuden, Bratwurstbratereien, Süßwaren aller Art, Eisstände und anderes mehr. Omnibushaltestelle der Linien Gaustadt-Bahnhof und Kaulberg an der Elisabethenkirche. Fahrradwache an der Elisabethenstraße.

Zum Schluss zählt der Bürgerverein die Parkplätze auf, an denen Besucher des Festes ihr Auto abstellen konnten. Unglaublich aus heutiger Sicht: An erster Stelle wird der

Katzenberg, ja genau der Katzenberg genannt! Dann erst der Theresienplatz (Schranne).

Interessant, welche Geschäftsleute und vor allem welche Gastwirte im Sand damals die erste Sandkerwa konkret durch eine Anzeige unterstützten. Das „Hofbräustübl" kündigte zum Kerwatanz die bekannte Tanzkapelle „Die lustigen Jungs" an, im Saal vom „Wilden Mann" wurde ebenfalls getanzt, Tanz (und Schlachtschüssel) auch im „Mondschein". Kerwamusik kündigte das „Ahörnla" an, es inserierten der „Griesgarten", die „Weinstube Scheiner", „Likör-Mahr", das „Weinhaus Pizzini" (Beim Pizzini trink Dein' Wein / Sonst kann des ka Kerwa sein!), das „Café Haas", wo ebenfalls getanzt wurde. Auch aus anderen Branchen wird zur Kirchweih eingeladen. Es inserieren die Metzgereien Joh. Baptist Winkler und Hans Grünthaler, die Firma „Zweirad-Bürger" in der Oberen Sandstraße 9 (Victoria KR 25 „Aero" 200 ccm jetzt lieferbar) und sogar das „Sanitätshaus Bickel", Obere Sandstraße 15; es bietet Hüft- und Büstenhalter an (Eigene Maßabteilung – beste Erfolge). Na dann kann ja nichts mehr schief geh'n!

Schnell in der Senkrechten: Der Kerwabaum steht.

Auf Anhieb ein Volltreffer

15. September 1951. Der Bürgerverein und seine Freunde haben die erste Elisabethen-Sand-Kirchweih „angerichtet", die Einladungen sind ausgesprochen, nun heißt es warten, wie das Bamberger Publikum reagiert: reserviert, überhaupt nicht, freundlich, begeistert? Das sind die Messgrößen. Halt, eine haben wir ausgelassen: „überschwänglich" nämlich, und genau sie brauchen wir, um zu beschreiben, wie die allererste Sandkirchweih von den Bambergern auf- und angenommen worden ist. Überschwänglich. Wir finden keine andere Vokabel.

Beweise? Statt nach Leuten zu suchen, die sich noch an die Sandkirchweih Nummer 1 vom September 1951 erinnern können, fragen wir dort, wo man von Berufs wegen dazu beauftragt ist, die öffentliche Meinung zu bündeln und zu interpretieren. Wir fragen die Zeitungen, wir wollen es schwarz auf weiß wissen. Am Montag, 17. September, also einen Tag nach dem ersten Kirchweihsonntag im Sand, erfahren wir noch gar nichts. 1951 erschien montags keine Zeitung. Erst am Dienstag fasst der „Fränkische Tag" zusammen, was an diesem denkwürdigen Wochenende geschehen war. Und da steht es: „Halb Bamberg auf der Sandkerwa – Lampionnacht in Klein-Venedig – Frohe Stimmung bei alt und jung."

Diesen Bericht wollen wir hier in voller Länge zitieren, weil er mitentscheidend dafür ist, dass wir nun, im ersten Jahr des neuen Jahrhunderts, die 50. Sandkirchweih feiern können. Es hieß also am Dienstag, 18. September 1951:

„Die Sandkerwa am Wochenende war ein Volksfest im wahrsten Sinn des Wortes. Was der Bürgerverein IV. Distrikt, Geschäftsleute und Anlieger dieser einmaligen

Kraft und Anmut: Erst die Arbeit, dann ein Tänzchen. Das Aufstellen des Kerwabaums ist seit fünfzig Jahren ein Ereignis.

Bierstraße am Sand den Tausenden von neugierigen Besuchern boten, hat Bambergs Bevölkerung lange nicht mehr erlebt. Vom Samstag an herrschte in den winkligen Gassen und Straßen ein turbulentes Treiben. Gleich nach der festlichen Einholung des Kerwabaams, angeführt von einer Abordnung des Reitervereins und der Stadtkapelle Karl Popp und gefolgt von einer Reihe prächtig geschmückter Wagen, begann das Kirchweihleben förmlich überzuschäumen. Am Abend bot Klein-Venedig ein herrliches Bild. Die alten Fachwerk- und Fischerhäuser an beiden Ufern der Regnitz waren mit bunten Lampions geschmückt, und über 60 illuminierte Boote des Bamberger Faltbootclubs fuhren unter Musikklängen langsam durch das schillernde Spalier Klein-Venedigs, dessen bizarre Konturen sich im Wasser spiegelten. Tausende von Bambergern standen auf den Brücken und am Leinritt und bestaunten dieses so seltene Schauspiel. Auch die Sandstraße war nicht wiederzuerkennen. Bunt beleuchtet, mit Girlanden an den Hausfassaden und Birkengrün in den Torbogen, zeigte jeder Winkel neue Reize. Jeder Bamberger weiß um die nicht enden wollende Reihe der Gasthäuser. Am Samstag reichte ihre Zahl nicht aus, alle Durstigen aufzunehmen. Das Milieu in den alten verräucherten Wirt-

schaften und in den renovierten Gaststätten zu schildern, fällt schwer. Man muß es erlebt haben. Am Leinritt drehten sich derweil zwischen den zahlreichen Kirchweihbuden die Karusselle, deren Sitze während der Sandkerwa nicht leer blieben.

Für aus Richtung Schweinfurt kommende Fahrzeuge war es schwer, sich durch die Menschenmenge der Sandstraße zu schlängeln. Klein-Venedig erstrahlte am Sonntag wieder im Lichterglanz, Bier und Bratwürste schmeckten nicht schlechter als am Vortag. Bis in den grauenden Montag wurde in echt Bamberger Manier gezecht. Erst am Dienstag wird die Sandstraße wieder in den Alltag zurückkehren, nachdem sich drei Tage halb Bamberg dort ein Stelldichein gegeben hat. Herzlicher Dank sei dem Bürgerverein IV. Distrikt gesagt. Die Sandkerwa sollte uns alle Jahre beschieden sein. Sie könnte zusammen mit dem festlich bestrahlten Klein-Venedig ein Anziehungspunkt für Fremde werden – und ein Festtag für die Stadt Bamberg. Zu einer besinnlichen Stunde inmitten des Kirchweihtrubels fanden sich zahlreiche Gläubige am Sonntagmorgen in der Elisabethen-Kirche, als Pfarrer Dr. Buck den Festgottesdienst zelebrierte. Dr. Buck schilderte die Geschichte der Kirche und forderte die Gläubigen auf, zum Unterhalt der Kirche beizutragen. Auch der Bürgerverein IV. Distrikt will durch eine Sammlung daran mithelfen. Die musikalische Umrahmung des Festgottesdienstes hatte Hauptlehrer Fink mit einem gemischten Chor."

Soweit der Bericht über die erste Kirchweih im Sand. Er zeigt, dass den Veranstaltern der Sandkirchweih auf Anhieb ein Volltreffer gelungen war. Die Sandkirchweih wurde von Beginn an als ein Fest für die ganze Stadt aufgefasst. Bamberg hat seitdem neben seinen Distriktskirchweihen eine Kerwa, mit der sich alle Bürger der Stadt identifizieren können. Noch wichtiger war es, dass bereits bei der ersten Sandkirchweih empfunden wurde, wie sehr der Genius loci das Feiern beflügelt, wie schön es ist, in der urbanen Atmosphäre der Altstadt zusammenzusitzen, welche Heiterkeit der festliche Fluss stiftet,

Auf eigene Rechnung

Zwei 27- und 28-jährige Verkäufer der Festabzeichen zur Sandkerwa 1955 „vergaßen" darauf, den Erlös der verkauften Abzeichen bei den Kirchweihkassierern abzuliefern. Mit den eingenommenen rund 100 Mark machten sie sich einen schönen Tag – auf der Sandkerwa. Beide wurden angezeigt. Ihre Strafe, die sie mit Sicherheit ereilte, ist nicht überliefert.

wie attraktiv es ist, wenn sich Klein-Venedig sich in seinen Wassern spiegelt, wie menschlich warm es hier ist, unter dem Dom, in der Enge des Sands, und wie leicht man hier den Nachbarn findet und selbst beim fröhlichen Zechen die Freude spürt, Bürger einer solchen Stadt zu sein.

Und noch etwas: Bereits bei der ersten Sandkirchweih wurde die Bedeutung dieses Festes für den Fremdenverkehr entdeckt, seine magische Anziehungskraft, die seitdem nicht nachgelassen hat. Nur die Menschen sind mit der Zeit anders geworden, aber darüber reden wir später. Hier an dieser Stelle gilt es, sich ausschließlich zu freuen: Das Kind „Sandkirchweih" ist auf die Welt gekommen. Genau betrachtet war's eine Sturzgeburt.

(Übrigens: An diesem Dienstag, 18. September, gab es für Bamberg noch einen zweiten Grund zu jubeln: Hans Häfner, der aus Bamberg stammende Deutsche Boxmeister im Leichtgewicht, hatte im Augsburger Eisstadion vor 6000 Zuschauern – Zitat FT – „in einem großartigen, vom Publikum begeistert aufgenommenen Kampf den Negerboxer Al Gunning, England, in der 7. Runde nach drei Niederschlägen entscheidend besiegt". Überschrift: „Hans Häfner in Bombenform". Der „Bamberger Wirbelwind" sollte am Wochenende darauf in der Berliner Waldbühne und am 6. Oktober in Paris in den Ring klettern.)

Halb Bamberg auf der Sandkerwa

Lampionnacht in Klein-Venedig — Frohe Stimmung bei alt und jung

Die Sandkerwa am Wochenende war ein Volksfest im wahrsten Sinn des Wortes. Was der Bürgerverein IV. Distrikt, Geschäftsleute und Anlieger dieser einmaligen Bierstraße am Sand den Tausenden von neugierigen Besuchern boten, hat Bambergs Bevölkerung lange nicht mehr erlebt.

Schon zur Aufrichtung des Kerwabaums hatten sich Hunderte von Schaulustigen eingefunden. Foto: FT-Schneyer

Vom Samstag an herrschte in den winkligen Gassen und Straßen ein turbulentes Treiben. Gleich nach der festlichen Einweihung des Kerwabaams, angeführt von einer Abordnung des Reitervereins und der Stadtkapelle Popp und gefolgt von einer Reihe prächtig geschmückter Wagen, begann das Kirchweihleben förmlich überzuschäumen. Am Abend bot Klein-Venedig ein herrliches Bild. Die alten Fachwerk- und Fischerhäuser an beiden Ufern der Regnitz waren mit bunten Lampions geschmückt, und über 60 illuminierte Boote des Bamberger Faltbootclubs fuhren unter Musikklängen langsam durch das schillernde Spalier Klein-Venedigs, dessen bizarre Konturen sich im Wasser spiegelten. Tausende von Bambergern standen auf den Brücken und am Leinritt und bestaunten dieses so seltene Schauspiel. Auch die Sandstraße war nicht wiederzuerkennen. Bunt beleuchtet, mit Girlanden an den Hausfassaden und Birkengrün in den Torbogen, zeigte jeder Winkel neue Reize. Jeder Bamberger weiß um die nicht endenwollende Reihe der Gasthäuser. Am Samstag reichte ihre Zahl nicht aus, alle Durstigen aufzunehmen. Das Milieu in den alten verräucherten Wirtschaften und in den renovierten Gaststätten zu schildern, fällt schwer. Man muß es erlebt haben. Am Leinritt drehten sich derweil zwischen den zahlreichen Kirchweihbuden die Karusselle, deren Sitze während der Sandkerwa nicht leer blieben.

Für aus Richtung Schweinfurt kommende Fahrzeuge war es schwer, sich durch die Menschenmenge der Sandstraße zu schlängeln. Klein-Venedig erstrahlte am Sonntag wieder im Lichterglanz, Bier und Bratwürste schmeckten nicht schlechter als am Vortag. Bis in den grauenden Montag wurde in echt Bamberger Manier gezecht. Erst am Dienstag wird die Sandstraße wieder in den Alltag zurückkehren, nachdem sich drei Tage halb Bamberg dort ein Stelldichein gegeben hat.

Herzlichen Dank sei dem Bürgerverein IV. Distrikt gesagt. Die Sandkerwa sollte uns alle Jahre beschieden sein. Sie könnte zusammen mit dem festlich bestrahlten Klein-Venedig ein Anziehungspunkt für Fremde werden — und ein Festtag für die Stadt Bamberg. Zu einer besinnlichen Stunde inmitten des Kirchweihtrubels fanden sich zahlreiche Gläubige am Sonntagmorgen in der Elisabethen-Kirche, als Pfarrer Dr. Buck den Festgottesdienst zelebrierte. Dr. Buck schilderte die Geschichte der Kirche und forderte die Gläubigen auf, zum Unterhalt der Kirche beizutragen. Auch der Bürgerverein IV. Distrikt will durch eine Sammlung daran mithelfen. Die musikalische Umrahmung des Festgottesdienstes hatte Hauptlehrer Fink mit einem gemischten Chor.

KAPITEL 4

Der Zauberschlüssel zum Fremdenverkehr: Die Sandkerwa mausert sich

EINE „UNWAHRSCHEINLICHE ANZIEHUNGSKRAFT"

Am 28. September 1951 findet im Café Haas eine Mitgliederversammlung des Bürgervereins IV. Distrikt statt: Manöverkritik. Sie fällt günstig aus, sehr günstig. Den Erfindern und Paten der ersten Sandkirchweih 1951 wird herzlich gedankt. Es sind dies Georg Kaiser, Franz Albinger, Matthäus Deubert, Paul Dennefeld, Adolf Firsching, Karl Kett, Andreas Kohmann und Fritz Bosch. Die Versammlung, an der 84 Mitglieder teilnehmen, fasst den Beschluss, die Sandkirchweih von nun an alle Jahre zu wiederholen.

1952 geschieht's zum ersten Mal, jedoch an einem anderen Termin: vom 30. August bis 1. September. Jetzt bereits wurden in den Straßen und Gassen des Sandgebietes Wimpelketten gespannt, der Festzug zur Einholung des Kirchweihbaums wurde angereichert mit weiteren Gruppen, Klein-Venedig erstrahlte diesmal im bengalischen Licht, der Katzenberg, im Vorjahr noch als Parkplatz empfohlen (!), wurde als Bierberg entdeckt, und auf der Regnitz lebte zum Kirchweihsonntag die Tradition des Fischerstechens wieder auf.

Erster Fischerstecherkönig wurde ein Kropf – wer sonst? Dieser hieß mit dem Vornamen Josef, und sein Finalgegner war Gabriel (Gaber) Kropf. Feuerwerksmeister Theodor Hacker zündete das erste Hochfeuerwerk, man zählte an die 35 000 Besucher, sperrte ihretwegen erstmals den Verkehr aus und fasste im Festausschuss den Beschluss, die Sandkirchweih künftig auf die Zeit der ersten Weihe von St. Elisabethen (24. August) vorzulegen, sie um ein Fisch- und Schlachtschüsselessen zu bereichern und um einen Fest-

Raum für die Sandkerwa: 1954 entsteht der neue Platz vor St. Elisabeth. Beim Festzug im selben Jahr grüsst Bürgermeister Anton Hergenröder (oben rechts) aus dem VW-Cabrio.

tag zu erweitern, aus ihr also ein viertägiges Fest zu machen. Beschlossen wurde ferner, die Überschüsse aus der Sandkirchweih 1952 und der ihr folgenden für die Fenster von St. Elisabeth und zur Zurückversetzung der Gefängnismauer zu verwenden, damit vor der Kirche St. Elisabeth ein für das gesamte Sandgebiet höchst wünschenswerter zentraler Platz entstehen könne, ein Festplatz eben. An der zurückgesetzten Mauer des Landgerichtsgefängnisses wollte man den bei einem Verkehrsunfall beschädigten barocken Franziskusbrunnen des ehemaligen Kapuzinerklosters aufstellen und dem neugeschaffenen Platz neben der ersten Station des hier beginnenden Kreuzweges hinauf nach St. Getreu eine zweite Dominante geben. Ein entsprechender Antrag an den Bamberger Stadtrat wurde unmittelbar nach Kirchweihschluss, am 10. September 1952, gestellt.

Erste literarische Widmungen

Bereits die zweite Sandkirchweih wurde literarisch gewürdigt. In den Unterlagen des Bürgervereins finden sich, allerdings ohne Angabe der Autorennamen, zwei gereimte Widmungen, in denen das Besondere anklingt, das dieses Fest bis auf den heutigen Tag auszeichnet.

Fliegen an der Wand

Stadtrat Hans Paschke 1959 im Stadtrat: „Wenn Sie so weitermachen und die Sperrstunde immer wieder weiter heruntersetzen wollen, dann haben Sie in Kürze das einzige noch vorhandene eigenständige Volkstum, die Kirchweih, zugrunde gerichtet." Es sei doch jämmerlich, dass da zwei oder drei „Kläffer", die jede Fliege an der Wand und jeder kleine Piepser störe, soviel Gehör fänden. Dass die gleichen empfindlichen Leute mit ihren Autos in der Stadt den Hauptlärm machten, sei ihnen gleichgültig.

Aus den offenen Fenstern der prallvollen Schänken
Leuchten durch bläuliche Schwaden
Der Trinker gerötete Köpfe.
Lustiger, scheint es, klappern die Deckel heute
Im Ahörnla, Ringla, im Schlenkerla,
Und an den vielen anderen Quellen.
Zischende, brotzelnde Bratwurstroste,
Schmalzgeruch schwängert die kirchweihträchtige Luft.
Schmatzende, kauende, singende, lachende
Fröhliche Menschen – Banausen ein Graus
Auch – wer weiß – auch Ästheten und Hygienikern.

Ein zweites Gedicht schildert den Zauber des Kirchweihgebietes im Sand, die Stimmung zwischen Fluss und Berg. Ein Auszug:

Aus der Brandung ragt das altersgraue Kirchlein,
Sankt Elisabeth ist es geweiht.
Ringsum glühen von artig geputzten Häusern
Lichter und Lampions in die lustbare Nacht.
Nur die alte Fischersiedlung drunten am Fluß
Braucht nicht den Kirchweihputz;
Selber im festlich-frohen Gewand
Leiht sie dem „Sand" freundnachbarlich ihr Bild.

Deutlicher und glaubhafter noch als der Zuspruch der nach vielen Tausenden zählenden Besucher belegen solche Widmungen die fast euphorische Begeisterung, mit der Bamberg die Sandkirchweih begrüßte und feierte. Etwas prosaischer zwar, aber im Tenor ähnlich urteilte das „Volksblatt" in seiner Ausgabe vom Dienstag, 2. September 1952, unter dem Titel „Sand-Kirchweih eine Bombensache". In dem Bericht hieß es unter anderem: „Es zeigte sich, daß Bamberg durchaus die Voraussetzungen besitzt, Veranstaltungen aufzuziehen, die Besuchermassen von weither mobilisieren können. Die Sandkerwa mit der großartigen Kulisse von Klein-Venedig hat es in sich, zu einem in ganz Deutschland berühmten Volksfest zu werden. Der Zauberschlüssel zum Fremdenverkehr ist gefunden."

Initiatoren und Gäste 1957: Oberbürgermeister Luitpold Weegmann im Festzug (oben links und zum Teil auch unten links), oben rechts Else Faltin beim Wurstschnappen, unten Honoratioren des Bürgervereins IV. Distrikt (von links) mit Andreas Kohmann, Hans Paschke und Georg Kaiser

Ein Jahr später, bei der dritten Sandkirchweih vom 20. bis 24. August 1953, gab Hans Paschke, ehedem rechtskundiger Bürgermeister der ostoberschlesischen Stadt Hindenburg, der Sandkirchweih auch den „theoretischen Überbau". Paschke, den es bei Kriegsende nach Bamberg verschlagen hatte, war mittlerweile zu einem ebenso fruchtbaren wie bedeutsamen Erforscher der Bamberger Heimatgeschichte herangereift. Bei seinen Studien stellte er fest, dass in den Jahresrechnungen des St.-Elisabethen-Spitals im Sand von 1531 an alljährlich zu Bartholomä (24. August) besondere Ausgaben nachzuweisen seien: Ausgaben für heiße, gebackene und gesottene Fischgerichte, für viererlei Gebäck, für Schlachtschüsseln mit gekochtem Schweinefleisch und Wellwürsten, die weit über dem üblichen Aufwand des ansonsten kargen Speisezettels für die Insassen des Spitals zu St. Elisabeth lagen. Paschke zog daraus den Schluss, dass diese üppigen Zuwendungen für die Pfründner nur in Zusammenhang mit der Weihe der Elisabethenkapelle (um 1350) stehen können. Was heißen sollte, dass der Bürgerverein IV. Distrikt und die Stadt Bamberg mit der Feier der Sandkirchweih eine Tradition fortsetzten, die vor rund 600 Jahren begründet worden war. Mit dieser Gewissheit feiert es sich in Bamberg noch leichter. Außerdem hatte die Sandkirchweih nun ihr endgültiges Datum gefunden: alljährlich von Donnerstag bis Montag um St. Bartholomä (24. August).

Letzte Wünsche

Drei Tage vor seinem Tod telefonierte der frühere Bamberger Oberbürgermeister Luitpold Weegmann, der 1951 der ersten Sandkirchweih seinen Schutz gegeben hatte, letztmals mit BV-Vorstand Franz Albinger, der ihn noch einmal in den Sand hatte einladen wollen. Nach Albingers Notizen sagte Weegmann u. a.: „Ich grüße alle meine lieben Freunde und Bekannten, alle Mitwirkenden, besonders die Fischerstecher zum 15. Jubiläum, sowie auch die Trachtler vom Almrausch und die Sandschützen Edelweiß. Alle sollen der Sache treu bleiben, damit das schöne, einmalige Volksfest unserer Stadt erhalten bleibt."

Die endgültige Fasson 1953

Die dritte Sandkirchweih im August 1953 wollen wir hier noch einmal ausführlich schildern, in den folgenden Jahren müssen wir uns damit begnügen, nur noch die Veränderungen zu nennen. Damit soll verhindert werden, dass in der Summe der bisher gefeierten 49 Feste im Sand der Überblick verloren geht – denn Überblick ist immer wichtig, erst recht im Gedränge des Sands und seiner Kerwa. Vorweg bleibt festzustellen, dass die Sandkirchweih im Jahre 1953 endgültig ihre Fasson erhalten hat. Am 22. August lobte der FT den üppigen Schmuck des gesamten Festgebietes. „Es gibt kaum ein Haus, das für die Kerwa nicht sein Aussehen verändert hätte, das Gefängnis eingeschlossen." Allerdings blieb's auch geschmückt ein Gefängnis. Erstmals gab es in den Straßen und Gassen des Sands große Zunftzeichen, die der Kunstmaler Anton Greiner und der Gewerbelehrer Gottwald geschaffen und gestaltet hatten. Sie erinnerten an die alten Handwerke, die im Sand und in der Bamberger Altstadt dereinst betrieben worden sind. Am Kirchweihsamstag um 16 Uhr zog ein Festzug von eineinhalb Kilometern Länge vom Sand aus über die Lange Straße zum Wilhelmsplatz und über den Grünen Markt und die Kapuziner- und Markusstraße zu St. Elisabeth zurück. Es nahmen 27 Gruppen, 17 Festwagen und drei Kapellen teil. Festwagen „stifteten" u. a. die Brauereien Einhorn, Schlenkerla, Hofbräu, Polarbär, Michelsberg, Ringlein, Wagner (Roßstadt) und der Getränkeverlag Bier-Vogel. Entlang des Wegs durch die Innenstadt stand ein geschlossenes Spalier von begeisterten Zuschauern. Man war damals ja so dankbar für alles Außergewöhnliche.

1953 – das war eines jener Jahre, in denen jedermann spürte, dass es mit unserem Lande und unserer Stadt wieder aufwärts ging. Es herrschte Aufbruchstimmung, der

Historische Momente: Zur 600-Jahr-Feier der Kirchweih von St. Elisabeth werden 1954 beim grossen Festzug Bilder aus der Stadtgeschichte lebendig – zum Beispiel mit schneidiger Reiterei, anmutigem Biedermeier, mit Ritter Chunrat, Kaiser Sigismund und Gefolge – und zum Gaudium des Publikums sogar mit dem Stadtbüttel samt Delinquenten (siehe Seite 32).

Krieg und seine unmittelbaren Folgejahre, die Notjahre waren, schienen vergessen. Am Donnerstag der Sandkirchweih 1953 wurden Presseberichten zufolge „bergeweise dampfende Schlachtschüsseln aufgetragen" und am Freitag standen auf den Speisekarten der meisten Lokale im Sand Flussfische, die damals offenbar in weit größerer Menge als heute angeboten (und gegessen) wurden.

„Schwarz vor Menschen" und mehr als 100 Boote

Am Sonntag zum Fischerstechen waren der Leinritt, die Brücken und der Kranen „schwarz vor Menschen". Gut 10000 Zuschauer brachte der Schwimmverein mit seiner „Wassergaudi" zum Lachen. Unvergessen die Auffahrt eines streitsüchtigen Paares, dessen Ehebett auf einem Schelch recht und schlecht in der Balance gehalten wurde. Als der Ehekrach zum Ehekrieg ausartete, kippte das streitsüchtige Paar samt Bett und Bettzeug ins Wasser. Die Leute hielten sich den Bauch vor lauter Lachen.

Zur Italienischen Nacht dieser Kirchweih wurden auf der Regnitz rund 100 mit Lampions und Lichtern behängte Boote gezählt, ein buntes Gewimmel. Es schien, als ob auf der Regnitz ein Schwarm Glühwürmchen tanzte. Die Bootsauffahrt wurde übrigens auf ausdrückliche Bitte der Festleitung bis hinunter zur Kaliko auf Höhe der heutigen Konzert- und Kongresshalle verlängert, damit sich auch die Patienten des alten Krankenhauses an dem Spektakel erfreuen durften.

Erstmals konnten zur Sandkerwa 1953 auch Abordnungen aus fränkischen Städten begrüßt werden. Auswärtige Gäste äußerten sich begeistert über die „Romantik", die dieses Fest zwischen Dom und Fluss ausstrahlte, und die Presse bescheinigte der Kirchweih im Sand gar „eine geradezu unwahrscheinliche Anziehungskraft". Dennoch erste Verluste: Mit Matthäus Deubert stirbt einer der Mitbegründer der Kerwa und deren bisheriger Kassier. Heiner Bosch wird sein Nachfolger. Fazit: Wenn aller guten Dinge wirklich drei sind, dann hat diese dritte Sandkirchweih von 1953 das letzte Eis gebrochen. Von nun an stand fest: Das schönste, originellste und am besten besuchte Fest in Bamberg ist und bleibt die Sandkirchweih!

5
KAPITEL

Novitäten am laufenden Band: Fast jedes Jahr gibt's was Neues

Feuer und Wasser: eine tolle Kombination!

Lassen wir nun im Folgenden den Kirchweihfilm im Schnelldurchgang noch einmal ablaufen: 1954 lag die erste Sandkirchweih-Festschrift von Hans Paschke vor; sie sollte das Fest nun zwei Jahrzehnte lang getreulich begleiten. Und weil Paschke nachweisen konnte, dass die Kirchweih von St. Elsbethen im Sand nun 600 Jahre alt war, erhielt der Festzug dieses Jahres durch die Innenstadt historische Dimension (Gestaltung: Anne-Lies Kohmann und Edmund Schlegel). 500 Personen, meist vom Fundus des Theaters mit historischen Kostümen ausgestattet, wirkten mit: als Chunrat der Eseler, der das Elisabethenspital 1328 gestiftet hat, als Kaiser Sigismund, als kurfürstlich-bairische Soldaten, die 1802 das Hochstift besetzt hatten, als Biedermeierdamen und -herren, als Häcker, Brauer, Handwerker, Geistliche, Bürger. Szenenapplaus erhielt der Stadtbüttel, der einen Delinquenten in das Zucht- und Arbeitshaus im Sand (als Nachfolge-Einrichtung des ins Katharinenspital am Maxplatz verlegten Elisabethenspitals) einliefert. In der Presse hieß es, der Festzug sei „einmalig" gewesen; es wurden sogar Vergleiche mit dem großen Trachtenzug angestellt, mit dem alljährlich das Münchner Oktoberfest eröffnet wird. Zumindest aber dürfen wir Bamberger in ihm das Vorbild des größten Umzuges erkennen, den Bamberg bislang erlebt hat – wir meinen den Festzug zur 1000-Jahr-Feier von 1973.

In diesem Jahr wurde die Sandkirchweih zur fränkischen Kerwa-Attraktion. Erstmals warb ein von Ewald Zeume gestaltetes Plakat überall im Lande zum Besuch, aus Nürnberg kam der erste Sonderzug mit mehreren hundert Fahrgästen, die Wochenschau „Blick in die Welt", die damals in den meisten deutschen Kinos lief, brachte einen ausführlichen Bericht, natürlich auch über das Fischerstechen, das wiederum Josef Kropf als Sieger sah. Erstmals wurde der Hof der Martinsschule in der Fischerei in das Festgebiet einbezogen. Hier konnten dann auch die Fahr-

Unverwechselbar und zauberhaft: Italienische Nacht vor Klein-Venedig zwischen Kranen und Michelsberg

geschäfte aufgestellt werden, für die im Sand selbst kein Platz ist. Dr. Herbert Iann, der Begründer der international renommierten Baunacher Firma Dynatronik, stiftete eine „Regenbogenfontäne". Mit Hilfe einer Unterwasserpumpe wurde ein kräftiger Wasserstrahl aus der Regnitz in „Strahlengebilde" aufgefächert und mit einem ausgeklügelten Farbfilter-System in alle Farben des Spektrums „zerlegt".

Oberbürgermeister Luitpold Weegmann schrieb an Franz Albinger, die Kirchweih von 1954 werde „den Bambergern lange Zeit unvergesslich bleiben. Hier muss jede Kritik schweigen." Insbesondere lobt Weegmann an der Sandkirchweih, dass sie mithülfe, die „lächerlichen Standesunterschiede" zu beseitigen, die Bürgerschaft zusammenzuführen und das Gemeinschaftsgefühl zu stärken. Leider traf dies nicht für alle Besucher zu. Es wurden erste Klagen geführt über „Horden von Halbwüchsigen" und Klage auch darüber, dass viele Kirchweihbesucher sich davor und davon gedrückt hätten, ein Festabzeichen zu erwerben: 15000 wurden verkauft, 5000 blieben übrig, und große Packen mit der Festschrift auch. Franz Albinger sah sich angesichts des Umfangs, den die Sandkirchweih mittlerweile angenommen hatte, veranlasst, auf das hohe finanzielle Risiko hinzuweisen, das mit dem Abhalten dieses Festes verbunden sei, insbesondere wenn schlechtes Wetter den Besuch beeinflusse. 1954 war das nicht zu befürchten: Bamberg lag unter einem klaren Spätsommerhimmel. Herz, was brauchst du mehr!

Verbrennt den Schwan!

1955 fuhren Lohengrin und seine Elsa in einem stilisierten Schwan unter Klängen aus Wagners „Lohengrin" langsam an Klein-Venedig entlang die Regnitz hinab. Das gefiel bei weitem nicht allen. Einem ungenannten Herrn missfiel die Einlage so sehr, dass er zum Dichter wurde. Er schrieb: „Verbrennt das Schwanenungeheuer / getrost beim nächsten Hannesfeuer! / Aus seiner Asche lasst entstehen / Bamberger Sandkerwa-Ideen." Vorher bereits hatte es Schwierigkeiten bereitet, für „Lohengrin" die richtige „Elsa" zu finden. Die erste war hold und hübsch, konnte aber nicht schwimmen und hatte folglich Angst, auf dem schwankenden Schwanen-Gefährt Platz zu nehmen. Elsa II. war sportlich und forsch und auch gut anzusehen, doch kurz vor ihrem Auftritt mit Lohengrin und dem Schwan trat sie beim Baden in eine Glasscherbe und musste passen. Schließlich wurde Elsa Nr. III gefunden. Sie stammte aus der Fischerei und hatte von daher keine Angst vor dem Wasser. Darüber hinaus war sie nicht in eine Glasscherbe getreten.

Was dem Bürgerverein IV. Distrikt als dem Veranstalter der Sandkerwa besonders hoch angerechnet werden muss, ist dies: Zu keiner Zeit hat er sich mit Form und Inhalt der jeweiligen Kirchweih zufrieden gegeben. Nahezu jährlich machte er sich auf die Suche nach „Zutaten", die ihm geeignet schienen, das Fest anzureichern, ihm neue Glanzpunkte anzufügen und den Erfordernissen der Zeit und ihres Geschmacks zumindest Rechnung zu tragen. Beispiel Sandkerwa 1955. In diesem Jahr findet erstmals eine kirchenmusikalische Feierstunde in der Elisabethenkirche statt. Ausführende sind Erna Albinger, Fritz Keim, Hans Linder, Siegfried Schwarz und der Kirchenchor St. Martin. Und dann dies: Auf einem Schiffspodium, das die Wasserwacht baut, führt die Tanzschule Rössert-Hahn ihr „Spiel auf dem Wasser" auf. Die Ankündigung, dass am Freitag Abend Lohengrin und Elsa frei nach Richard Wagner und zur Musik aus dem „Lohengrin" auf einem Schwan über das dunkle Wasser der Regnitz fahren würden, zog Tausende von Menschen an. Das Echo war gespalten. „Bamberg und Bayreuth passen nicht zusammen", sagten die einen, „akzeptabel und wert, es zu wiederholen", meinten die anderen. Es setzten sich die Anti-Wagnerianer durch:

Lohengrin samt Elsa und Schwan gingen unter. Sie liegen seitdem auf dem Grund der Regnitz und sind nicht mehr aufgetaucht.

Aber der Trend zur literarischen, dramatischen und musikalischen Ausgestaltung der Sandkirchweih hielt an. Beispiel Sandkerwa 1958: Auf dem mittlerweile entstandenen Platz durch die Zurückversetzung der Gefängnismauer an der St.-Elisabethen-Kirche wurde eine von dem Bamberger Komponisten Lukas Böttcher geschriebene „Bamberger Festmusik" aufgeführt (Kritiker Dr. Laßmann im FT: „Eine Liebeserklärung an Bamberg"), und auf dem Podium im Fluss hat ein neues Festspiel Premiere, nicht von Wagner inspiriert, sondern von der FT-Raatschkatl Fanny Decker eigens für die Sandkerwa geschrieben. Dennoch: Auch ihm ist kein langes Leben beschieden. Immerhin wird es über die zentrale Rundfunkanlage in die Krankensäle des alten Krankenhauses übertragen. Ein Bombenerfolg wird der Lampionumzug durch das Festgebiet, angeführt von der US-Standortkapelle. Schade – auch der musikalische Glühwurm findet kein Dacapo. Offenbar war die US-Standortkapelle in den Folgejahren immer zur Sandkirchweih in Urlaub. Tradition hingegen wurde die Ergänzung, den „Sandkerwa-Schützenkönig" auszuschießen. Die Schützengesellschaft „Edelweiß" hatte dazu erstmals 1957 eingeladen. Seitdem wird mit großem Gepränge bei jeder Kirchweih der „König" proklamiert.

Das Zelt über dem Wasser

1958 wurde erstmals das Festzelt des Bürgervereins am Ende der Kasernstraße neben dem Dominikanerkloster aufgebaut. Es ist als Zelt insoferne ein Unikum, als es mindestens zur Hälfte im Wasser steht. Mit dem Zelt rückte der Bürgerverein jedoch keineswegs von seinem Grundsatz ab, dass die Sandkirchweih ein Straßenfest ist und tunlichst unter freiem Himmel gefeiert werden soll. Aber es hat sich herausgestellt, dass es der Sandkirchweih an einem wetterfesten, zentralen Ort mangelt, an dem die wenigen offiziellen Angelegenheiten stattfinden können, die auch zu diesem Fest gehören: der Bieranstich zum Beispiel und am Dienstag nach Kerwaschluss das „Dankeschön" für alle Mitwirkenden. 1959 verweigerte der Stadtrat dem Bürgerverein den Hof der Martinsschule, Begründung: Man müsse den neuen Asphaltbelag schonen, den der Hof vor kurzem erhalten hatte. Als Ausgleich gab der Stadtrat die Fleischhalle frei. Ein Flop, wie sich her-

ausstellte. Im Jahr darauf hat der hohe Rat keine Bedenken mehr: Der Martinsschulhof kann wieder genutzt werden. So ist das (kommunale) Leben!

1960 feierte die Sandkirchweih Jubiläum: Zehn Jahre sind es nun her, seit sie erfunden wurde. Das musste gefeiert werden – zehn Tage lang. Schirmherr ist Oberbürgermeister Theodor Mathieu. Else Faltin, damals Zweite Vorsitzende des Deutschen Hausfrauenbundes in Bamberg, später Gründerin und Vorsitzende des Bamberger Frauenkreises, prägte das Kinderfest am Leinritt. In der Regnitz wurde die erste symphonische Wasserorgel installiert. „Tanzende Fontänen" nannte sich das nasse Spektakel. Tausende von Besuchern der nächtlichen Sandkirchweih legten den Kopf weit zurück und suchten am Bamberger Himmel den ersten US-Satelliten. Zum Fischerstechen kamen die Würzburger Zunftrecken, zum Festzug kam Regen. Abschluss war ein „Feuerzauber" samt „Wassersturz" – ein gewaltiges Unterfangen, mit dem gleichzeitig die Sanierung der Rathausfresken durch den Bamberger Maler Anton Greiner gefeiert wurde. Im gleichen Jahr 1960 übernahm Franz Albinger den Vorsitz des Bürgervereins IV. Distrikt, der bisherige Vorsitzende Georg Kaiser wurde zum Ehrenvorsitzenden ernannt. Hans Paschke rückte zum Zweiten Vorsitzenden auf, womit dem Bürgerverein eine leistungsstarke Doppelspitze gegeben war. Helmut Ehemann und Erich Albinger stifteten erste Sandkerwa-Filme und -dias und legten damit die Grundlagen für ein Kirchweih-Archiv. Wer aber ein Archiv anlegt, der legt zugleich Wert darauf, eine Tradition zu gründen oder eine vorhandene zu pflegen und fortzuführen. 1960 trifft für den Bürgerverein und „seine" Sandkirchweih beides zu. Halt, dies auch noch: Es entstanden zwei neue Sandkerwa-Lieder; Dr. August Schmidt und Ludwig Roppelt waren die Autoren.

Balanceakt mit Masskrug

Zum Balancieren bedient man sich in der Regel einer Balancierstange. Bei der Sandkirchweih 1972 probierte es ein fröhlicher Zecher mit dem Maßkrug. Ihn in der Hand haltend, balancierte er auf dem wasserseitigen Geländer des Festzeltes am Leinritt und – fiel prompt in den Fluss. Macht nichts. Angefeuchtet war der Mann ohnehin schon, allerdings von innen. Er wurde übrigens gerettet.

Bamberger Sandkerwa
Kübrich

6
KAPITEL

Von Hilversum bis Südtirol: Freundschaften über Grenzen hinweg

Auch das Fischerstechen wird bunter

Nun ist die Sandkirchweih richtig in Fahrt gekommen. Wie es aussieht, kann sie jetzt nichts mehr aufhalten! Ihr Ruf dringt weit hinaus ins Land, überspringt die Grenzen. Sie gewinnt von Jahr zu Jahr mehr Freunde, auch solche aus fremden Ländern. 1961 wirkt erstmals das Hilversumer Akkordeonorchester „Musicorda" mit. Die Freunde aus den Niederlanden kommen wieder, im nächsten Jahr, im Jahr darauf.

Die Partnerstadt Villach lässt sich blicken und Prinz Konstantin von Bayern, dann die Kössener Standschützen aus Nordtirol, die Gesellschaft zur Pflege Alt-Nürnberger Brauchtums. Es kommen die Schützengilde Hameln und der Spielmannszug Hannover. 1964 bringt die Sandkirchweih eine erste Begegnung mit Südtirol: Die Trachtenkapelle aus Lajen spielt auf. Die Brixener Volkstrachtengruppe verbündet sich mit den Bamberger Trachtenvereinen – Tanz, Musik, Rhythmus. Kurt Hepperlin, früher am Bamberger Theater, dreht einen Sandkerwa-Film für die „Münchner Abendschau" des Bayerischen Fernsehens.

1965, zur 15. Sandkirchweih, tritt das Steinauer Marionettentheater beim Kinderfest auf, das „Spiel auf dem Wasser" feiert wieder feucht-fröhliche Urständ, ein Südtiroler Jodeltalent nützt Leinritt und Fischerei als Echowände. Weihbischof Martin Wiesend, damals noch Domkapitular, hält den Kirchweihgottesdienst, im Hause Dominikanerstraße 5 wird die Ausstellung „15 Jahre Sandkirchweih" gezeigt, Oberbürgermeister Dr. Mathieu gibt dem Festausschuss einen Empfang im Rokokosaal des Alten Rathauses, der guten Stube der Stadt.

1966 erfahren die Mitglieder des „Almrauschs" für 15-jähriges Mitwirken eine Ehrung, die Hilversumer „Musicorda" kommt wieder, diesmal mit 32 Musikern und 70 Gästen, und im Gepäck haben die Hilversumer Stadträte Becker und Kooj 2000 holländische Tulpenzwiebeln für den Botanischen Garten. In die Freude mischt sich Trauer – um den Freund der Sandkirchweih, den unvergessenen Oberbürgermeister Luitpold Weegmann, der 1966 stirbt, und um Fanny Decker, die Raatschkatl des FT. Der Pyrotechniker Willi Lang brennt das erste Parterre-Feuerwerk ab, weil Hochfeuerwerke im

Ob Schützen, Schotten, Spielleute oder Kinder: Züge durch den festlichen Sand

BÄRENSTARK: DIE „BAMBERG BEARS" IM FESTZUG 1992

Altstadtbereich mittlerweile verboten sind. 1967, ein Jahr später, gibt die Tanzgruppe „L'Escloupeto" aus der südfranzösischen Partnerstadt Rodez ein Gastspiel im Sand, Hans Herrnlebens Kasperltheater erobert die Herzen der Kinder am Leinritt, das Bürgervereinsmitglied Hans Sauer zeigt im Kulturraum eine Ausstellung mit 7000 Zinnsoldaten, Kurt Bernhardt dirigiert wieder das Bamberger Akkordeonorchester.

Auch das Fischerstechen wird bunter. Mit den Bamberger Matadoren ringen jetzt Fischerstecher aus Würzburg, Randersacker, Gemünden und Kitzingen um den Sieg – Main gegen Regnitz, Regnitz gewinnt. Der Kaufmann Albert Bauer aus der Sandstraße übernimmt die finanzielle Verantwortung der Sandkirchweih, die im Jahr darauf, 1970, bereits zum 20. Male gefeiert wird. Herrnlebens Bühne spielt „Die Geisterburg", die Steinauer Marionetten geben „Frau Holle", der Bamberger Marinechor, damals ein gefragtes Ensemble, singt auf dem Schiffspodium, im Kulturraum wird ein Sonderpostamt eingerichtet, Hunderte von Sammlern holen sich den Sonderstempel. Der Schwimmverein steuert zum Fischerstechen am Samstag ein Schaffrudern bei, die Tanzgruppe Brückl aus Kärnten lässt die Röcke fliegen, der Festzug „20 Jahre Sandkirchweih" hat drei große Blöcke. 1968 geben die Feldkirchner Bauernmusikanten ihr erstes Sandkirchweih-Gastspiel, 1969 belebt die Trachtengruppe „Fränkische Schweiz" das bunte Bild am Fluss.

1971 macht letztmals Franz Albinger das Fest. Dann zieht er sich zurück. Aber die Sandkirchweih, seine Erfindung, lebt weiter. Neuer Vorsitzender des Bürgervereins ist nun

Der eigentliche Anlass kommt nicht zu kurz: Kirchweih-Gottesdienst vor St. Elsbeth

Heiner Bosch. Er bringt viel Sensibilität und noch mehr neue Ideen mit. Diese zum Beispiel: Im Festzelt am Fluss werden TV-Bilder von den Olympischen Spielen in München gezeigt, im Festzelt in der Fischerei treffen sich die Stammtische und die Bürgervereine. Man beginnt – auch und erst recht in Zusammenhang mit der Sandkirchweih – über die Qualität der Altstadt nachzudenken und darüber, wie man sie erhalten und für den Bürger nutzbar machen kann. Denkmalschutz, Ensembleschutz werden in diesen Jahren feste Begriffe im Bamberger Vokabular. Gudila Freifrau von Pölnitz stiftet am Kerwasamstag das Jugend-Fischerstechen, damit den „Großen" nicht der Nachwuchs ausgeht.

1973 begeht Bamberg seine 1000-Jahr-Feier. Die Sandkirchweih steht unter ihrem Motto, ist Teil des Stadtjubiläums. In diesem Jahr wird deutlicher als in allen Jahren zuvor erkannt, dass es eine nationale, ja europäische Aufgabe ist, Bamberg zu erhalten: Bamberg, die „Traumstadt der Deutschen". Die Sandkirchweih und ihre Veranstalter unterstreichen diese Wertung, indem sie deutlich machen, dass es sich nirgendwo stimmungsvoller und fröhlicher feiern lässt als in der Geborgenheit einer so alten und

Der Tubabläser von Alt-Nürnberg

Es war 1987, geraume Zeit nach der Sperrstunde, als sich die Sandstraße zu leeren begann. Da saß plötzlich in einem auf die Sandstraße hinausgehenden Fenster im ersten Stock des Hotel-Gasthauses „Alt-Nürnberg" ein junger Mann und blies auf seiner Tuba gar wunderschöne Weisen. Die jungen Leute unten blieben stehen und lauschten. Bald hatte der aus Kärnten stammende Tubabläser eine begeisterte Gemeinde. Es wurde 2 Uhr. Der Tubabläser hatte noch volle Luft. Unter seinem Fenster Bombenstimmung. Dann kam die Polizei und gebot die Nachtruhe. Der Tubabläser schloss sein Fenster und ging zu Bett. Nicht lange. Als die Polizei fort war, setzte er sein Fensterkonzert fort. Sofort sammelten sich wieder weit über 100 Zuhörer und trieben den Tubabläser durch ihren Beifall zu weiteren Höchstleistungen. Das wiederholte sich. Einer unten auf der Straße sagte: „So schön war die Sandkerwa noch nie!"

schönen Stadt – halt im Sand. Wieder tanzen die Fontänen auf der Regnitz, flussauf, flussab fährt die „Franken", Vorläuferschiffchen der heutigen Kropf-„Flotte", es spielen die Kapellen Heinz E. Kammerer und „Die Metzikanos" unter Otto Metzner. Bamberg macht den Eindruck einer glücklichen Stadt.

1974 steht erstmals die Freiwillige Feuerwehr im Programm. Von nun an sind die Wasserspiele auf der Regnitz hausgemacht: Wasser marsch! Neu auch die Popmusik auf der Unteren Brücke. Die Sandkirchweih und Bamberg verliert im gleichen Jahr und im Jahr darauf zwei unersetzliche Freunde: Franz Albinger und Hans Paschke werden zu Grabe getragen. Ihr Denkmal ist die Kirchweih im Sand. 1975 zieht wieder ein großer Festzug durch die Stadt: 46 Gruppen und Bilder. Die Post stiftet abermals einen Sonderstempel, auf der Unteren Brücke wird ein Trödelmarkt gehalten, flotte Musik vor St. Elisabeth.

1977 lässt der Bürgerverein aus den Erlösen des Festes den Grünhundsbrunnen restaurieren. In einer schönen Stunde bürgerlicher Eintracht wird er durch Heiner Bosch in die

Obhut der Stadt übergeben. In diesem Jahr öffnet sich die Sandkirchweih in einer neuen Form und einer neuen Veranstaltungsreihe der Jugend (und ihrem musikalischen Geschmack): Unter Erwin Sternadels Leitung „steigt" erstmals der „Schwof im Dominikanerhof" – ein vielversprechender Auftakt. Die „Schweinsohr Selection" begibt sich auf den Weg zur Bamberger Kultband: Die ZDF-Sendung „Aspekte" nimmt die Sandkirchweih zum Aufhänger einer Sendung über das Leben in alten Städten. Edgar Stengele malt 1978 im Auftrag des Bürgervereins auf die Fassade des Hexenhäuschens neben dem Gefängnis Szenen aus dem Sand.

1979 übernimmt als neue Vorsitzende des Bamberger Frauenkreises Magda Reichelt anstelle von Else Faltin († 1980) das Kinderprogramm am Kirchweih-Donnerstag. An der Elisabethenkirche zeigen traditionelle Handwerksberufe ihr Können und ihr Werkzeug, im Dom wird ein Orgelkonzert gegeben, Kurzweil bringt ein Modellbootrennen auf der Regnitz. 1982 ist erstmals Oberbürgermeister Paul Röhner der Schirmherr der Sandkirchweih, 1983 lässt zum zehnten Male die Feuerwehr auf der Regnitz aus allen zur Verfügung stehenden Rohren die Fontänen steigen.

1984 fällt der Startschuss zum 1. Sandkerwa-Lauf auf einem Rundkurs der Innenstadt, der am Kranen das Festgebiet tangiert. Veranstalter ist die Leichtathletikgemeinschaft Bamberg. Der Lauf erfordert einen großen Organisationsaufwand, findet aber starkes Interesse in der Bevölkerung, wenngleich sich der Zuschauerandrang nicht mit dem Zuspruch vergleichen lässt, den einst an etwa gleicher Stelle der legendäre Domreiterlauf gefunden hat. Der Sandkerwa-Lauf ist nach einer 1956 ausgetragenen Regatta des Bamberger Faltbootclubs mit Teilnehmern aus Bamberg, Coburg, Erlangen und Nürnberg der zweite Versuch, der Sandkirchweih einen sportlichen Touch zu geben.

1988 löst der Bamberger Bundestagsabgeordnete Gerhard Scheu die Forchheimer Landtagsabgeordnete Gudila Freifrau von Pölnitz als Schirmherr des Jugend-Fischerste-

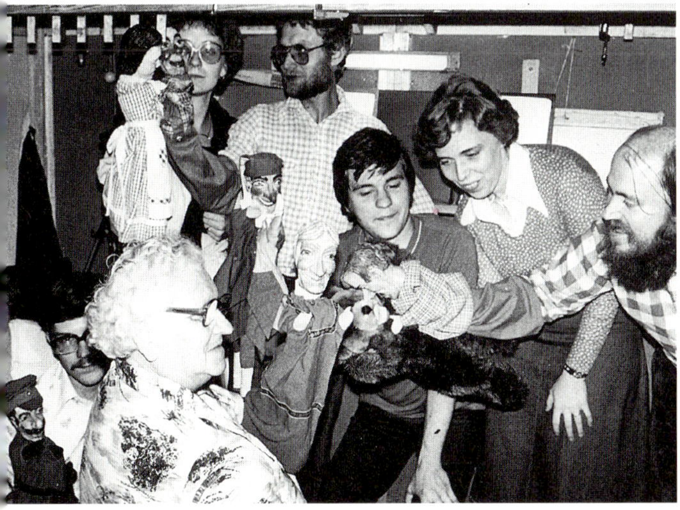

Marionettenspiel und Meisterschützen: Werner Kohn (auf dem linken Bild rechts aussen) mit der Puppenspielerfamilie Herrnleben, auf dem rechten Bild BV-Vorsitzender Heiner Bosch (mit Scheibe) und Bürgermeister Rudolf Grafberger (2. von rechts) mit den Sandkerwa-Schützenkönigen von 1980/81.

chens ab. Josef (Seppi) Kropf, der nahezu Unbesiegbare, wird für 25-jährige Teilnahme am Fischerstechen geehrt. Im gleichen Jahr erleiden Bürgerverein und die Kirchweih im Sand einen schweren Verlust: Der Vorsitzende, Stadtrat Heiner Bosch, stirbt völlig überraschend im Alter von 65 Jahren. Sein Nachfolger wird der längst kerwaerprobte und -bewährte Kaufmann Albert Bauer. Er bleibt es bis 1994. Vorerst aber gilt es das 100. Gründungsjubiläum des Bürgervereins IV. Distrikt zu feiern. Der Festakt findet im Festsaal des neuen Hotels Residenzschloss statt, das dem Sand mittlerweile eine neue Qualität gegeben hat. Am 24. August zieht des Jubiläums wegen wieder ein großer Festzug durch die Stadt. Er hat 57 Zugnummern – das zieht Tausende an.

1982 beschenkt der Singkreis „Maltschacher See" in einem eindrucksvollen Auftritt auf dem Podium im Fluss die Zuhörer – eine wunderschöne Stunde. 1994 wechselt die

Wand und Kunst: Edgar Stengele am Werk

Hat leider nicht überdauert: der Sandkerwa-Lauf, der so dynamisch am Clavius-Gymnasium startete.

Schirmherrschaft: Anstelle von OB Paul Röhner, der gleich seinem Vorgänger Dr. Mathieu der Sandkirchweih eng verbunden war, schreibt nun der neue Oberbürgermeister Herbert Lauer „sein" Grußwort ins Sandkerwaheft dieses Jahres. Und auch im Bürgerverein beginnt ein neues Regiment: Der verdienstvolle Vorsitzende Albert Bauer gibt sein Amt an den aktuellen Vorsitzenden Gerold Braunreuther ab; mit ihm scheiden Erich Albinger, Konrad Becher, Anne-Lies Kohmann aus ihrer seit Jahren getragenen Mitverantwortung um das liebste und schönste Fest der Bamberger.

1994 überraschen Jürgen Riegel und Fritz Panzer die Bamberger mit einer nahezu sensationellen Meldung: Sie nehmen Klein-Venedig wörtlich und bestellen bei dem venezianischen Gondelbaumeister Nardo eine elf Meter lange, schwarz lackierte Original-Gondel. In der Folge lernen sie auch, damit zu fahren, was – wie sich herausstellt – gar nicht so einfach ist. Eine Gondel aus dem „echten" Venedig für Klein-Venedig in Bamberg! Zwei Jahre später, 1996, verliert die Sandkirchweih einen großen Zacken aus ihrer stattlichen Krone: Die Leichtathletikgemeinschaft startet den 13. und letzten Sandkerwa-Lauf. Auch der Schwof im Dominikanerhof geht ein – schade, schade, schade. Die Sandkirchweih gerät in die Kritik: zu gigantisch, wegen des nach wie vor riesigen Andrangs auch zu gefährlich, manchen auch zu ordinär, zu laut, nicht typisch genug für Bamberg und seine Bürger und die Art, wie sie „eigentlich" feiern möchten. Dazu kommen Sorgen um die Finanzierung. Und Bedenken ob des Risikos, auch des Sicherheitsrisikos, das mit dem Abhalten eines so großen Volksfestes verbunden ist. Kann der Bürgerverein IV. Distrikt als der Veranstalter der Sandkerwa dieses Risiko weiter tragen? Man findet einen Ausweg und gründet eine GmbH, die von 1998 an als Veranstalter zeichnet. Ihr Geschäftsführer ist der Vorsitzende des Bürgervereins, Gerold Braunreuther. Die Idee ist nicht verkehrt. Sie sichert das Überleben eines Festes, das es wert ist, nicht nur fünfzig, wie heuer, sondern hundert Jahre und älter zu werden. Kirchweih im Jahre 2050? Wir wissen es ebenso wenig, wie die Bamberger 1950 gewusst hatten, was das ist: Kirchweih im Sand.

Interessante Bereicherung des Kerwaprogramms: der Handwerkerhof an der Elisabethenkirche (Bild oben von 1985)

Aus den Sandkerwa-Erlösen finanziert: Der Bürgerverein lässt den Grünhundsbrunnen (hier kurz vor der Enthüllung 1977) renovieren.

Originell, Original: Hahnenschlag am Kerwamontag mit „Humsera" Liesel Rost.

7
KAPITEL

Das Fischerstechen sticht alles andere aus oder Die Vielfalt des freien Falls

Kropf heisst der Sieger – wie sonst?

Eine der besten Ideen der Gründungväter der Sandkirchweih war der Beschluss, die Tradition des Bamberger Fischerstechens auf der Regnitz wieder aufleben zu lassen. Diese Tradition ist uralt. Es liegt eine Rechnung des Stadtbauhofes aus dem Jahre 1498 über eine Reparatur des Geländers der Oberen Brücke vor. Die Reparatur war notwendig geworden, weil die Zuschauer beim Fischerstechen dieses Jahres so heftig gegen das Geländer gedrückt hatten, dass es zerbrach. Wenn die Obere und die Untere Brücke oder auch die Markusbrücke heute noch Holzgeländer hätten – wir sind sicher, dass dann Rechnungen wie die eben erwähnte aus dem Jahre 1498 immer noch geschrieben werden müssten, denn der Andrang zum Fischerstechen hat gegenüber dem Mittelalter eher zu- als abgenommen.

Vielsagend ist der Hinweis, dass auch bei den Theresienfesten im Süden der Stadt von 1833 bis 1841, dem nachhaltigsten Versuch neben der Sandkirchweih, ein für alle Bamberger verbindliches Volksfest großen Stils zu organisieren, das Fischerstechen ein fester Programmpunkt war. Seinetwegen wurde das Theresienfest, das auf dem Wiesengelände an der heutigen Theresienstraße westlich der Bahnlinie nach Nürnberg gefeiert wurde, sogar für einen Tag nach Bughof verlegt. Von dort aus verfolgten Tausende von Menschen das Stechen auf der Regnitz.

„Ein glänzendes Schauspiel"

1835 war der bereits zitierte Reiseschriftsteller Hermann Fürst von Pückler-Muskau unter den Zuschauern. Er schrieb: „Bei weitem der angenehmste Theil des Volksfestes war für mich… die gestrige Regatta der Fischer auf der Regnitz… Die schön geschmückten Kähne mit flatternden Wimpeln, die geschmackvoll und elegant costümierten Fischer… und die mit bunten Volkes unzähliger Menge bedeckten Ufer… – es war gewiss ein glänzendes Schauspiel. Nach der Wettfahrt bestanden die Kämpfer eine Art Tournier, und Wenige waren, die man nicht genöthigt hätte, ihre Schwimmkunst in Anspruch zu nehmen. Oft sanken, vom Lanzenstoß getroffen, Beide zugleich in die Blaue Fluth."

Wir gestatten uns, den schreibenden Fürsten mit dem Hinweis zu ergänzen, dass zum Fischerstechen des Jahres 1833 nach Anton Schuster 32 Teilnehmer und zehn Kahnfahrer angetreten sind. So viele sind's heute nicht mehr.

Seit der zweiten Sandkerwa im August 1952 also ist das Bamberger Fischerstechen wieder ein fester Programmpunkt des größten Bamberger Volksfests. Tausende von Besuchern, die sich vorwiegend am Leinritt, aber auch auf den Brücken und am Kranen drängen, schauen alljährlich genüsslich zu, wie einer nach dem anderen ins Wasser gestoßen wird, bis letztlich einer im Schelch übrig bleibt: der König der Fischerstecher. Beim Wiederaufleben dieses historischen Spektakels war die Zahl der Bamberger Fischer beziehungsweise der einsatzfähigen Mitglieder der Fischerzunft allerdings so klein geworden, dass Sportler des Schwimmvereins, denen man dies nicht zweimal zu sagen brauchte, die Reihen der Teilnehmer auffüllen

Dokument in Farbe: Auffahrt zum Fischerstechen 1956 (linke Seite), Dokument in Schwarzweiss: Zuschauerinnen im Haus der Fischerzunft

mussten. Es dauerte zehn Jahre, bis es dem Schwimmvereinler Ernst Kreß 1961 gelang, die Fischer und insbesondere die Kämpfer aus der Fischerfamilie Kropf wenigstens einmal zu besiegen. Ansonsten war gegen „die Kropf" und ihre große Sippe kein Kraut gewachsen, wie die Liste der Fischerkönige aus den Anfangsjahren des Fischerstechens zur Sandkirchweih beweist: Josef Kropf, Gaber Kropf, Fritz Kropf, immer wieder Fritz Kropf, dazwischen Fritz Rost und Uwe Wagner. In den letzten Jahrzehnten war es insbesondere der blondbärtige Josef (Seppi) Kropf, der wie ein Fels im Schelch stand. Keiner stieß ihn um. Neuerdings aber haben auch die auswärtigen Teilnehmer ihre Chance. Zum Beispiel die „Schlierseer Buam" in ihren ledernen „Badehosen".

In der Ruhe liegt die Kraft: Lokalmatador Seppi Kropf meditiert vor seinem grossen Auftritt, dieweil das Publikum auf und am Wasser und an den Brüstungen der Brücken längst in Stellung gegangen ist – eine Kulisse, die sich seit dem 1. Fischerstechen kaum verändert hat. Am Prominententisch, den das Bayerische Fernsehen 1986 für eine Livesendung des „Samstagsclubs" eigens auf einem schwimmenden Podium aufgestellt hatte, sitzen von links Heiner Bosch, die Moderatorin Petra Schürmann, der Bamberger Mundartdichter Gerhard C. Krischker, die Moderatorin und Gesangssolistin Desirée Nosbusch und Oberbürgermeister Paul Röhner.

10

Schirm und Charme am Rande des Fischerstechens

STADT BAMBERG
1

CHRISTL

CHRISTL

4
SW 9804 HEINER
ANITA SW 9174

2

ANTON SW2906

4
GUDILA
SW846

Das Fischerstechen sticht alles andere aus
oder
Die Vielfalt des freien Falls

AUFTRITT UND ABGANG: ZWEIKAMPF IN RÖCKEN UND FISCHERSTECHERS FAHRRADFLUCHT AUF DEM WASSER-RAD

Heroen am Wasser:
(Fritz) Kropf mit (Domreiter-)Kopf 1965,
Sozialkontakt vor dem „tödlichen" Stich
zwischen Bamberg und Schliersee 1986,
Pokal und Beifall für den strahlenden Sieger
(nicht nur) von 1985 namens (Sepp) Kropf,
Blumen von der Hohen Dame
(Gudila Freifrau von Pölnitz)
für den Fischerstecher-Nachwuchs

8
KAPITEL

Beschreibung eines Kerwabesuchs: Wie man sich dem Sand und seinen Verlockungen nähert

Kein freies Plätzchen nirgendwo

Wenn dieser Vergleich gestattet ist: Das Münchner Oktoberfest auf der Theresienwiese ist ein Planquadrat, die Sandkirchweih in der Bamberger Altstadt ist ein Labyrinth. Seine Lagebeschreibung ist höchst kompliziert, denn nichts verläuft im rechten Winkel, alles ist schief und krumm, auf passähnliche Engstellen folgen unerwartete Aufweitungen bis hin zu regelrechten Arenen, in denen sich der Kirchweihtrubel voll entfalten kann, ehe er, nur ein paar Schritte weiter, wieder zusammengepresst wird: Durch diese vollen Gassen muss man erst kommen! Und: Die Münchner Theresienwiese liegt brettereben zwischen Paulskirche und Bavaria, das Festgebiet der Sandkirchweih hat hingegen seine Steig(er)ungen auch in der Vertikalen. Vom Leinritt bis hinauf auf die Höhe des Katzenbergs, wo die Musik spielt, sind's an die fünfzehn Meter. Die wollen erst bewältigt sein.

Zudem bewältigt sie jeder Besucher auf seine Weise, jeder hat seine Vorlieben, sich dem Sand zu nähern und sich in ihm zu lagern und zu laben. Das Münchner Oktoberfest lockt mit den sicher größten Achterbahnen im Land, die Bamberger Sandkirchweih ist eine Achterbahn. Und sie ist voller Überraschungen. Sich ihnen alljährlich neu zu stellen, ist individuell völlig verschieden. Deswegen darf sich der Autor dieses Buches die Freiheit nehmen, als Beispiel für andere seine Version zur Bewältigung des Sands zu Kerwazeiten zu beschreiben, ohne indes den Anspruch zu erheben, sie sei die beste und erlebnisreichste.

Also: Ich, besser wir, denn auf die Sandkirchweih geht man in der Regel nicht alleine, also meine Frau und ich nähern uns dem Sand aus Richtung Gaustadt her, und wir tun's aus Gründen, die wohl nicht eigens erläutert werden müssen, mit dem Fahrrad. Spätestens auf Höhe des Stadtarchivs, in dessen grasbewachsenem Hof wir unsere Räder abstellen, weht uns der Kirchweihwind entgegen, ein aromatisches Lüftchen. Heute dominiert Makrele (von den Heringsbratern nahe der Markusbrücke), mit einer Spur von Oregano und anderen Pizzagewürzen, bei tiefem Einatmen wird einem jedoch inne, dass die Makrele mit der gebrannten Mandel im Clinch liegt, hoppla, schon mischt sich auch der Duft von Bratwürsten darunter, ein typischer „Wind of Change". Wunderbar! Das stimuliert.

FESTABZEICHEN
VERKAUF
Motta
Eis
MIRINDA

Die „Christl", weißes Schwesterschiff der „Stadt Bamberg", schwimmt uns entgegen. Fröhliches Winken – hinüber und herüber. Mittlerweile sind wir bereits Teil eines endlosen Zuges geworden von Leuten jedweden Schlages und Herkommens, das Umland eingeschlossen, die sich gleich uns dem Sand nähern. Die Schritte werden schneller. Erste Engstelle schon vor der Markusbrücke. Die Enkelin meines einstigen Klavierlehrers – lang ist's her – und ihr Team haben den Leinritt vor ihrem kleinen, fein herausgeputzten Häuschen zur Freischankfläche umgewandelt. Goldbraun und billiger als an den meisten anderen Zapfstellen läuft's aus dem Messinghahn des Bierfasses. Wir nehmen uns vor, heimwärts hier gemeinsam die letzte Maß zu trinken.

Der erste Blick: Wundervoll!

Unter der Markusbrücke ist's dämmrig, fast schon dunkel, danach aber der erste Event – so sagt man doch auf Neudeutsch – dieses Kerwatages: Im brechenden Licht des Abends liegt das geschmückte Klein-Venedig vor uns. Zauberhaftes Bild. Die Leuchtgirlanden vor den alten, geraniengesäumten Häusern sind schon angeknipst, Lampions hängen „auf der Leine", die Regnitz gluckst, als hätte sie einen Schluckauf oder besser gesagt: einen Hätscher. Das Rettungsboot der Wasserwacht schnurrt vorbei, am Gefängnis dudelt das Kinderkarussell, das hoch gelegene „Mondschein"-Gärtchen gleicht einem geschmückten Balkon, im Laub der Kastanie verliert sich das Licht der roten und gelben Lämpchen. „Entschuldigung, Herr Nachbar", sagt ein stämmiger Mittvierziger, der mich eben ein wenig ungestüm zum Weitergehen geschubst hat. „Passt scho", gebe ich zurück und lasse mich schieben.

Mutter, ich warne dich

Die Mutter eines jungen Bambergers möchte sich mit eigenen Augen davon überzeugen, was denn am Katzenberg, dem ihr zweitältester Sohn bei jeder Sandkerwa regelrecht verfallen ist, so attraktiv sei. Ihre Tochter hält sie mit folgenden Worten vor der Nachschau zurück: „Mutter, ich warne dich! Du kennst deinen eigenen Sohn nicht mehr!"

Eingebrockt, ausgelöffelt: BV-Vorstand Heiner Bosch und Anne-Lies Kohmann (oben) beim „Süppeln". Jedermann/frau tut gut daran, zwischen flüssiger und fester Nahrung den rechten Ausgleich zu finden. Die Auswahl ist riesig.

Beschreibung eines Kerwabesuchs: Wie man sich dem Sand und seinen Verlockungen nähert

Meiner Frau ist inzwischen aufgefallen, dass heuer der Herr B. sein klein-venezianisches Haus geschmückt hat. „Schaut an", sagt sie, und es klingt wie ein Orakel. Erster Blick ins Festzelt des Bürgervereins am Dominikanerkloster, hinten spielt eine Kapelle gegen die fröhlichen Stimmen an, am Toilettenwagen neben dem Zelt steht man schon Schlange, mann weniger, mehr frau. „Komm, wir schau'n schnell ins Palais!" Im Atriumhof hinter dem prachtvollen Barockportal stehen sie schon auf den Bänken und feiern Kerwa. Kein freies Plätzchen nirgendwo. „Du, ich hab' Hunger!" – „Ob'st glabst oder net: Ich aa!" Schnell also durch das Sandbad zum Elisabethenplatz, wo vor dem „Lukullus" (heißt jetzt anders) der Bratwurstrost raucht wie eine Dampflok beim Anfahren. Aber der Duft ist köstlich. Köstlicher noch die Wurst, lang und mit magerem, fein gewürztem Brät, ohne Lichtschutzfaktor rundum gebräunt, dazu ein weizenhelles Pils im schweren Ein-Liter-Glaskrug, und ringsum lauter Bekannte, die den Eindruck erwecken, als säßen sie

noch von der Vorjahreskerwa her auf ihrer Bank. Hallo, Servus, Grüß dich! „Wie's mir geht? Siechst doch: gut!" Nebenan stöhnt einer: „Ich habe es doch gewusst: der erste Senffleck!" Er putzt ihn mit der Serviette weg und regt sich nicht weiter auf.

Es ist dunkel geworden. Weiter, wieder eingereiht, eingekeilt, hart am Gegenstrom entlang, der vom Katzenberg her schwallt, vorbei am „Bassanese", wo's nach Mittelmeer riecht, dann in die Linkskurve beim Lebkuchen-Schröppel. Jetzt wird's eng. Die Leute auf der Straße sind plötzlich jünger geworden. Hier dominiert die Jugend und was sich dafür hält. Knackige Hintern stoßen an Bierbäuche, knappe Tops, nackte Schultern, Döner, Pizza, Bierkrüge, Sektgläser, viel Glas schon am Boden, „Leute, lasst doch den Scheiß!" Meine Frau hat wieder den panischen Blick. „Nix wie raus hier!" Sie ist zu klein, geht unter in der Menge. Ich mit meinen ein Meter achtzig tu mir leichter. „Geh hinter mir", sage ich und mache den Wellenbrecher. Oder hätt' ich „Geh hinter mich!" sagen sollen? Ach, wer will denn im Sand über den fränkischen Dativ streiten.

Am Fuß des Katzenbergs geht's heute auffallend flüssig voran. Der Bürgerverein hat hier kräftig „ausgedünnt". Aber der Katzenberg selbst tobt schon, vor allem ganz oben, unter der Kapelle und ihrem Zeltverschlag. 98, 99, g'suffa! Wir verzichten auf die an sich geplante „Besteigung", passieren „Schlenkerla", „Ringlein", den Souvenirladen „Zwetschgäbaam". In der Herrenstraße verdecken

die Buden und Stände die noblen Auslagen der Antiquitätengeschäfte – aus der Kunstmeile, die hier ihren Anfang nimmt, ist jetzt zur Sandkerwa eine Fressmeile geworden. Hier ist mehr Luft, aber wo sind die Knöten? Schade, auch die luftgetrockneten Wurstknoten, die voriges Jahr noch beim „Spatz" verkauft worden sind, gibt es nicht mehr.

Kanaan auf Fränkisch

Auf dem von einem Bamberger Club zur Sandkirchweih bewirtschafteten Parkdeck des Wasserwirtschaftsamtes holte sich ein dem Wein sehr verbundener Bamberger einen Schoppen „Franken". Bedient wurde er von einer ihm bekannten Dame, der Frau eines Unternehmers, die sich gleich anderen Ehefrauen der Club-Mitglieder für diesen sozialen Einsatz zur Verfügung gestellt hatte. „Unser" Mann probierte seinen Schoppen. Eindeutig: Kein Wein, nur Wasser. Sicher ein Versehen. Er trug den Schoppen an den Ausschank zurück. Auch dort endete die Probe mit dem Vermerk: „Wasser". Tausend Entschuldigungen. Aber wie und wo war der Wein zu Wasser geworden? Das Rätsel wurde bald gelöst: Ein Club-Freund hatte den Damen im Weinausschank zum Dank für ihren Einsatz Rosen spendiert. Die beschenkten Damen steckten die Rosen zunächst in leer getrunkene Flaschen, füllten sie mit Wasser und stellten sie auf ein Bord. Als sie abgelöst wurden, nahmen sie die Rosen mit, die Weinflaschen mit Wasserfüllung, die Ersatz-Vasen also, blieben zurück. Die Ablösung vermutete Wein darin und schenkte diesen fröhlich und heiter aus. Als das Gelächter über den „Tausch" noch im Gange war, kam ein weiterer Mann an den Ausschank, stellte sein fast volles Weinglas auf die Theke und sagte: „Probieren Sie mal, ich glaub' das ist Wasser!" Nun ja, in eine Literflasche passen eben vier Schoppen, auch wenn sie als Vase zweckentfremdet wird.

Links in die Karolinenstraße, dann rechts in den Geyerswörthplatz, rechts der „Hansi" Peßler, links die Voglers von der Brudermühle. Hier ist neuerdings nach dem Katzenberg am meisten los. Die Leute sitzen so exakt in den Bankreihen, als würden sie die Sandkerwa exerzieren. Ihre Gesichter aber lassen das Gegenteil erkennen. Es gilt nur eine Regel: fröhlich sein, sich zutrinken, dem Leib geben, wonach ihm verlangt. Vor der Brudermühle dreht sich der Entengrill, die Kapelle nebenan spielt dazu einen heißen Boogie. So endet ein Entenleben. Obwohl ich das Gefühl habe, die Ente am zweiten Spiel links schaut mich an, versage ich mir bzw. mich mit Einverständnis meiner Begleitung der gegrillten Versuchung. Wir trinken einen Schoppen an einem Stehtischchen.

Dann kommt Bewegung in die Leute: Oben auf dem Guck'schen Balkon, der der ehemaligen Altane am Obstmarkt ähnelt, beginnt der regionale Matador der Schlagerszene, der Entertainer und Sänger Peter Wackel, dem unter ihm feiernden Volk einzuheizen. Balabu, Balaba. Schon klatscht alles mit. Wie im Fernsehen beim Moik.

„Wenn Wackel singt, wackelt die Wand", sagt mein junger Nachbar. Er scheint nicht Unrecht zu haben.

Wir lassen uns wieder schieben. Das ist zu den „Stoßzeiten" der Sandkirchweih die häufigste Gangart. Beim Antiquitäten-Senger und beim Auktionshaus Badum, wo an normalen Tagen feinste Möbel aus den Schaufenstern gucken, Louis-seize-Sesselchen und nussbaumfurnierte Barockschränke, Goldrahmen und feingemusterter Damast, stehen überall Brauereigarnituren mit einklappbaren grünen und blauen Beinen, und alle Bänke sind voll. Über die Dominikanerstraße, die Kulturraummauer entlang, auf deren nagelneues Ocker ein unbekannter Sprayer den schönen Spruch angebracht hat: „Ich bin doch

Rothäute und andere Suffköpfe

Typisch für die Sandkerwa ist die Cliquenbildung. Das ist nichts Schlimmes: Es treffen sich Leute, die sich aus bestimmten Gründen besonders gut verstehen, zum gemeinsamen Feiern. Von einer solchen Clique (junger Leute) ist hier die Rede. Sie feierte nahe der Sperrstunde in einer Bar an der Ecke Dominikanerstraße/Ringleinsgasse. Das Lokal gerammelt voll, die Stimmung unbeschreiblich gut. Die gut vierzig, fünfzig Leute sind wie ein „Körper". Wie bei der Formel 1 greift sich einer eine Flasche Sekt, schüttelt sie, springt auf einen Stuhl, öffnet die Pulle mit lautem Knall und bespritzt seine Freunde. Denen gefällt's. Sie strecken ihre Zungen raus und schlürfen den Sekt. Der „Schüttler" auf dem Stuhl greift sich eine zweite Flasche, wiederholt die Tauf-Prozedur, eine dritte aber findet er nicht. Er nimmt eine andere, verteilt den Inhalt gleichmäßig auf die Köpfe. Es ist tiefdunkler Rotwein, Vino tinto. Die Clique mutiert zu Rothäuten, die auf dem Heimweg versichern, dass sie sich immer noch grün sind.

HOFBRÄU-SCHÄNKE

Mensch", kämpfen wir uns wieder zurück in den Sand. Ein Glück, dass man zur Sandkerwa keinen Hut trägt, man müsste ihn ständig ziehen. Lauter Bekannte. Es gibt keine Veranstaltung im Kirchenjahr und im weltlichen Kalender, zu der sich mehr Bamberger nach langer Zeit wieder mal über den Weg laufen als zur Kirchweih im Sand. „Ja, dich gibt's a nuch!" So und ähnlich klingt's von allen Seiten.

Die Nachhaltigkeit – ein modernes, besonders im ökologischen Sinn gebrauchtes Wort, das wir zum Beweis unseres aktuellen Wissensstandes hier gerne verwenden –, also die Nachhaltigkeit der Bratwürste vom Lukullus lässt jetzt bedenklich nach. Wir kriegen Hunger. Schönes Gefühl zur Sandkerwa, denn es gibt der Möglichkeiten viele, ihm nachzugeben. Wir „opfern" uns diesem Gefühl bei den Lions auf dem Parkdeck des Wasserwirtschaftsamtes, wo einst das Bataillonsklo der früheren Dominikanerkaserne gestanden war, eine bayerische Bauleistung übrigens, keine fürstbischöflich-bambergische. Bei den Lions, so wissen wir, kann man selbst Löwenhunger auf sehr anregende Weise stillen, und bedient wird man von lauter feinen Leuten, die sich extra zur Sandkirchweih ihres noblen Zwirns entledigen und die Küchenschürze umbinden. Und das Geld, das sie im Schweiße ihres Angesichts verdienen, kommt zwar in eine Kasse, aber für einen guten Zweck. Wir entscheiden uns für eine pikante Pfanne und Frankenwein. Den Wein schenkt heute eine Bankdirektorengattin aus. Und so, wie sie das macht, sind das bestimmt keine Peanuts.

Über den Leinritt ziehen wir heim. Der Menschenstrom ist jetzt dünner geworden. Aber es brennen noch alle Lichter, auch drüben in Klein-Venedig. Ein paar späte Kanuten tummeln sich in ihren Booten auf dem nächtlichen Fluss. Wenn sie ihre Paddel ins Wasser tauchen, schimmert's wie Silber. Die Verkäufer der Schokoladen-Bananen, des Türkischen Honigs und der gebrannten Mandeln zählen schon ihre Einnahmen, im Festzelt sitzen noch ein paar Stadträte und winken müde. Wieder unter die Markusbrücke hindurch und zum Abschluss zu zweit eine Maß in dem Biergärtchen dahinter. Ich schau über den Krug hinüber zum Schiffbauplatz, wo einst die mächtigste Trauerweide ganz Bambergs gestanden war. Zum Leidwesen meines Klavierlehrers, der in dem schmalen Leinritthäuschen wohnte, hat sie mich bei der Klavierstunde mehr fasziniert als die „Lehre des Klavierspiels von Zuschneide". So oder ähnlich muss sie geheißen haben.

Unsere Räder stehen noch brav in der Grünanlage des Stadtarchivs. Eng umschlungen. Genau so laufen wir zwei nach Hause. Radfahren trauen wir uns nimmer. „Morng", sagt meine Frau, „morng geh'n wir zum Müller auf die Schranna!" Das ist das geographisch „Äußerste" an der Sandkerwa. Aber gefragt wie alles Extreme. „Und morng", fügt meine Frau hinzu, „morng zohl ich." Der Tag ist schon geritzt.

Zur Sandkerwa immer Urlaub

Diese Geschichte ist verbürgt: Ein junger Bamberger Arzt zählte seit seiner Schüler- und Studentenzeit zu den verlässlichsten Fans der Sandkirchweih. Sein Einsatzort war der Katzenberg. Hier saß er jeden Abend bis spät in die Nacht hinein und feierte mit seinen Freunden. „Hier bin ich Mensch, hier kann ich's sein!" Als er sich schließlich als Allgemeinarzt niederließ und zusammen mit einem Kollegen seine Praxis eröffnete, bestand er darauf, dass im Vertrag mit dem Kollegen folgender Passus aufgenommen wurde: „Zur Zeit der Sandkirchweih, die alljährlich Ende August abgehalten wird, hält Herr Dr. A. keine Praxis."

Kapitel 9

Ohne sie ginge nichts: die Kerwa-Macher und Sand-Aufbereiter

Pragmatiker, Theoretiker und Idealisten

So riesig der Besuch der Sandkirchweih in den vergangenen fünfzig Jahren, so relativ klein das Grüppchen derjenigen, die das Fest ausrichteten, ihm Form und Inhalt gaben und das Geld auftrieben, um die ganze Fete zu bezahlen. Die wichtigsten Kerwa-Macher und Sand-Aufbereiter wollen wir hier nennen.

Franz Albinger (1899–1974)

Ihn müssen wir als Ersten erwähnen, er ist der Erfinder der Sandkirchweih. Als Zweiter Vorsitzender des Bürgervereins hatte er 1950 die Vision eines Festes in der Altstadt – zusammen mit dem Ersten Vorsitzenden Georg Kaiser, Besitzer der gleichnamigen Drogerie an der Ecke Sandstraße/Kasernstraße, und dem Kassier Matthäus Deubert hat er sie verwirklicht. Albinger, Inhaber eines Malerbetriebes mit bis zu 15 Mitarbeitern, Besitzer des sogenannten Sandschlösschens in der Sandstraße gegenüber der Elisabethenkirche, fühlte sich seiner Stadt in einer Intensität verpflichtet, die heute kaum mehr anzutreffen ist. Ihm ist es – zusammen mit Dr. Peter Schneider und Dr. Eduard Doepke – zu verdanken, dass das im Dritten Reich

geschlossene und nach dem Krieg als Flüchtlingslager heruntergekommene Theatergebäude einschließlich der Harmonie relativ bald wieder seiner eigentlichen Bestimmung zugeführt wurde und der „neuen" Bamberger Bühne als Heimstatt dienen konnte. Als Vorsitzender des Bühnenvolksbundes hat Franz Albinger den Weg zu diesem Ziel mit geebnet. Die Impulse seines unermüdlichen Einsatzes erklären sich zum Teil aus Albingers Vita. Er war als junger Mann selbst leidenschaftlicher Laiendarsteller im „Club Franken", hatte Auftritte auf der Bühne des Luitpoldsaals, lernte im Club Franken seine Frau kennen – das Theater war seine Wunschwelt. In seinem noblen, im Biedermeierstil eingerichteten Haus fanden nach dem Krieg konzertante Opernaufführungen und anspruchsvolle Konzerte statt. Wir erinnern uns an „Madame Butterfly" und den „Wildschütz" oder an Haydns „Schöpfung" mit seiner Tochter Erna (Sopran), deren späteren Ehemann Fritz Keim (Bass), Grete Borne (Alt) und dem Tenor Hans Schwinn in den Hauptrollen und Paul Ott am Klavier. August Keh vom „alten" Stadttheater sorgte für die Beleuchtung.

Honoratioren in Schwarz: Linke Seite unten Heiner Bosch, Hans Paschke, Franz Albinger als Männer der ersten Stunde, rechte Seite oben mit Zylinder 2. BV-Vorstand Josef Merz und Ausschussmitglieder 1970

Albinger engagierte sich in der Innungsarbeit, selbstredend im Bürgerverein des IV. Distrikts, dem er seit 1960 als Erster Vorsitzender vorstand, und schließlich im Stadtrat. Als es darum ging, neben CSU, SPD, Bayernpartei und dem „Bund der Heimatvertriebenen und Entrechteten" (BHE) eine parteifreie Gruppierung im Stadtparlament zu installieren, kam man an dem Malermeister aus der Sandstraße nicht vorbei: Er wurde gemeinsam mit Dr. Wilhelm Rössner und anderen auf Anhieb über die „Freie Liste" in den Stadtrat gewählt und blieb dort eine Periode lang ein agiler, häufig das Wort nehmender Parlamentarier.

Albinger war kein Volkstribun im klassischen Sinne. Von der Figur her eher schmächtig, mit schmalen Schultern, strengem Scheitel, Hornbrille vor meist strengem Blick, sah ihm niemand an, welche Dynamik in diesem zur Zeit der Sandkerwa-Gründung gerade 50 Jahre alten Mann steckte. Wenn er sich aber eine Aufgabe vorgenommen hatte, dann versuchte er mit missionarischem Eifer und unermüdlichem Fleiß, sie auch zu verwirklichen. Hartnäckig und belastbar bis zur Erschöpfung, aber auch von tiefer Freude erfüllt, wenn es ihm gelungen war, seine Vorstellung zu verwirklichen – so behalten wir ihn in Erinnerung. Albinger starb 1974. Bereits zwei Jahre vorher, 1972, hatte er das Amt des Ersten Vorsitzenden an den Bürgerverein zurückgegeben. Sein Nachfolger wurde der Schlossermeister Heiner Bosch.

Hans Paschke (1902–1975)

Wenn Franz Albinger der Pragmatiker war, dann war Hans Paschke der Theoretiker der Sandkirchweih. Im Gegensatz zu Albinger wohnte er nicht im Sand, hatte sich aber sehr früh dessen Bürgerverein zur Verfügung gestellt, weil er spürte, dass sich hier seine Vorstellungen am ehesten verwirklichen ließen. Paschke war als Heimatvertriebener aus Oberschlesien nach Bamberg gekommen. Von Beruf war er „rk. Bgm z. Wv.", das heißt: rechtskundiger Bürgermeister zur Wiederverwendung. Seine Aufgabe in Bamberg fand er in der heimatgeschichtlichen Forschung. Die von ihm verfassten Bamberger Straßen- und Häusertopographien lieferten wertvolle Hinweise zu den historischen Besitzverhältnissen der Alt- und Innenstadt. Er spürte Bamberger Traditionen nach und warb dafür, sie fortzusetzen – darunter auch die Tradition der Kirchweih von St. Elsbethen im Sand. Damit lieferte er den theoretischen Unterbau der Sandkirchweih, den historischen Befund.

Hans Paschke, der lange Zeit als Mitglied der CSU-Fraktion im Stadtrat saß, wurde somit der erste Öffentlichkeitsarbeiter des Sandkerwa-Teams. Seine oft ans Kauzige grenzenden Vorlieben machten ihn stadtbekannt. Er trank sein Bier prinzipiell nur aus dem Literkrug, er schnäuzte sich nur in Zimmermannstaschentücher in den Farben Rot und Blau, er schnupfte, er saß nahezu täglich stundenlang in den Archiven und wusste mehr über Bamberg als zehn geborene Bamberger zusammen. Seine Lieblingsbeschäftigung war es, für die Sandkerwa zu werben und sie mit voller Lust auch zu feiern.

Heiner Bosch (1923–1988)

Zwar wie Albinger selbstständiger Handwerksmeister, wie Albinger auch im Sand im eigenen Hause ansässig, war Heiner Bosch trotz aller Gemeinsamkeiten doch ein völlig anderer Typ als sein Vorgänger im Amt des Ersten Vorsitzenden des Bürgervereins und als Verantwortlicher der Sandkirchweih. Gemeinsam war beiden die Sorge um die Altstadt. Einen unübersehbaren Beweis für diese Einstellung lieferte Heiner Bosch mit der vorbildlichen Sanierung des Hauses Vorderer Bach 4 und seiner Umwidmung zum nunmehrigen Barockhotel am Dom. Bosch war politischer als sein Vorgänger. In der CSU-Fraktion des Stadtrates hatte er bedeutenden Einfluss, nutzte diesen auch zugunsten des Bürgervereins; er war kontaktfreudig und jovial, seine Beredsamkeit hatte intellektuellen Hintergrund. Es fiel schwer, ihn aus der Ruhe zu bringen, insbesondere wenn er an seiner geliebten Zigarre hing. Dann kam er oft ins Sinnieren, beispielsweise darüber, wo man in Bamberg „nüber" und „rüber" geht, „nauf" und „nunter". In der Sandkirchweih sah Heiner Bosch einen bedeutenden Beitrag zur Würdigung der Bamberger Altstadt. Sie sollte das Gefühl der Bürgerschaft dafür stärken, dass die Erhaltung der Altstadt eine Aufgabe aller ist. Heiner Bosch starb am 2. August 1988, wenige Tage vor Beginn der Sandkirchweih dieses Jahres. Er wurde 65 Jahre alt. Sein Andenken hält unter anderem der Steg vom Leinritt hinüber zur Konzert- und Kongresshalle lebendig: Er erhielt seinen Namen.

Albert Bauer

Albert Bauer kannte die Aufgabe, die er nun aus freiem Entschluss übernahm. Er hatte bereits die Verantwortung für die Finanzierung der Kirchweih inne, zuletzt war er als Zweiter Vorstand der engste Mitarbeiter Heiner Boschs gewesen. Der Übergang verlief ohne Bruch. Albert Bauer ist der erste Kaufmann unter den Vorsitzenden des Bürgervereins seit Einführung der Sandkirchweih. Sein Elektro-, Fernseh- und Videogeschäft am Eingang zum Grünhundsbrunnen wurde nun neben der Geschäftsstelle des Bürgervereins auf der anderen Straßenseite ein paar Häuser weiter stadteinwärts die Zentrale der Sandkirchweih. Auch Bauer gehört dem Stadtrat als Mitglied der CSU-Fraktion an. Mehr noch als seine Vorgänger baute der neue Vorsitzende auf Teamarbeit. Bei perfekter Aufgabenverteilung lief auch unter seinem Vorsitz der Motor der Sandkerwa zuverlässig rund. Trotz aller Turbulenzen, in die das große, immer noch ausufernde Fest gelegentlich geriet, blieb die Kirchweih im Sand auf Erfolgskurs. 1994 meinte Albert Bauer, seine Pflicht und einiges mehr getan zu haben, und gab den Vorsitz des Bürgervereins IV. Distrikt ab. Sein Nachfolger wurde Gerold Braunreuther.

Gerold Braunreuther

Der Nachfolger Albert Bauers war zwar im Sand geboren worden, und zwar im Haus „Mondschein", wohnte aber längst nicht mehr dort, als ihn die Wahl zum Vorsitzenden des Bürgervereins IV. Distrikt traf. Er ist der bisher jüngste „Kerwamacher". Als stellvertretende Vorsitzende stehen ihm Gisela Bosch, die Tochter des früheren BV-Vorsitzen-

Märchentante und Feuerwerker: Else Faltin (mit BV-Vorstand Georg Kaiser im Hintergrund) machte sich für die Kinder stark und Willi Christoph Lang sorgte sich ums Pyrotechnische.

den Heiner Bosch, und der aus der Fischerei stammende Jürgen Wirth zur Seite. Braunreuther brachte neue Ideen mit. Die wichtigste: 1998 wurde als künftiger Veranstalter der Sandkirchweih die „Bamberger Sandkerwa Veranstaltungs-GmbH" als eine hundertprozentige Tochter des Bürgervereins gegründet. Unter Braunreuther „verschlankt" sich die Sandkirchweih: weniger Stände insbesondere in der Sand- und Kasernstraße, dafür mehr Bewegungsfreiheit, mehr „Luft" im Gedränge. Zum Jubiläum „50 Jahre Kirchweih im Sand" gibt die Vorstandschaft des Bürgervereins und die Geschäftsführung der Veranstaltungs-GmbH dem größten und bedeutendsten Bamberger Volksfest eine neue Ausrichtung: mehr Musik, mehr Kultur, mehr Entzerrung.

Kleiner Mann ganz gross: Sandkerwa-Moderator Willi Hesse (rechts) stellt den jüngsten Fischerstecher von 1978 vor.

Willi Christoph Lang

Der gebürtige Hallstadter, in seiner Jugend als talentierter Leichtathlet auf den Mittel- und Langstrecken hervorgetreten, Pyrotechniker von Beruf, nun wohnhaft in der Nürnberger Straße, also ebenfalls nicht im Sand, zählt vom Beginn der 60er-Jahre an zu den wichtigsten Figuren der Sandkirchweih. Er richtete zusammen mit der Stuttgarter Firma Lünig das alljährliche Feuerwerk aus, mit dem das Volksfest am Kirchweihmontag endet. Lang versteht sein Geschäft, insbesondere gelingt es ihm immer wieder, zwischen dem Feuerwerk und der Altstadt insoferne eine Verbindung herzustellen, als die von ihm „komponierten" Attraktionen und Abfolgen nicht Selbstzweck sind, sondern krachendes, blitzendes, sprühendes Beiwerk, das Bambergs Schönheit auch zur Nachtzeit voll zur Geltung bringt – neuerdings vom Michelsberg aus. Lang feiert mit „seinen" Feuerwerken auch andernorts Erfolge, zum Beispiel bei der André-Heller-Schau in Berlin oder beim Konstanzer Seefest. Wen wundert's, dass er auch seine Lebensgefährtin bei bengalischem Licht kennen gelernt hat: beim Lichtenfelser Korbfest nämlich.

Die Helfer im Hintergrund

Es sind nicht allzu viele, die zum Helferkreis der Sandkerwa gehören, aber sie erfüllen ihre freiwillig übernommene Aufgabe mit so viel Hingabe, dass es eine Ehrenpflicht ist, sie hier wenigstens zu erwähnen. An erster Stelle sei hier Josef Mertl genannt. Der frühere Leiter der Schlossverwaltung Bamberg in der Neuen Residenz kennt den Sand wie seine Hosentasche. In ungezählten Kirchweih-Publikationen hat er ihn geschildert und beschrieben. Er zählt seit Jahrzehnten zu den verlässlichsten Mitarbeitern der BV-Vorstände, u. a. als langjähriger Zweiter Vorstand. Wie der

Eine Institution am Ausschank: Das Wirtsehepaar Anna und Fritz Morgenroth am Eingang zum Festzelt des Bürgervereins am Fluss

Gruppenbild mit Dame: BV-Vorstand Albert Bauer mit Anne-Lies Kohmann, 2. Vorsitzenden Josef Mertl und weiteren Ausschussmitgliedern 1990

Vater, so der Sohn: Willi Mertl, Architekt von Beruf, tritt in die Fußstapfen seines Vaters und trägt mit seinen Talenten zum Gelingen des Festes bei. Er entwirft Festzeichen, Plakate und die Titelblätter der Kirchweihhefte. Willi Mertl gehört der Geschäftsführung der Veranstaltungs-GmbH an.

Ein anderer Name, ein anderer verdienstvoller Mann: Rainer Hoffmann sorgt sich seit vielen Jahren um den Kirchweihschmuck. Die Wimpelketten, die die Gassen des Sandgebietes so beschwingt und heiter wirken lassen, werden alljährlich von ihm und seinen Leuten angebracht. Josef (Seppi) Kropf, der Matador der Bamberger Fischerstecher, garantiert alljährlich zusammen mit seinen Freunden vom Stammtisch „Markuself", dass die bunten Lichterketten die Regnitzufer säumen. Jürgen Riegel, Besitzer von Bambergs einziger, original venezianischer Gondel, arrangiert zur Jubiläumskirchweih ein Treffen aller deutschen Gondelfahrer. Die Namensliste könnte fortgesetzt werden. Dank an alle, die mithalfen, den Bambergern die Sandkirchweih zu machen.

Schließlich seien noch die Namen der Autoren der Kirchweihhefte aus fünfzig Jahren Sandkerwa genannt. Viele bekannte Namen sind darunter: Hans Paschke, Siegfried Wachter, Willi Hesse, Martin Clemens Mayer, Josef Mertl, Willy Heckel, Lothar Braun, Dr. Gerhard C. Krischker, Friedrich Pfau, Hans Morper, Fanny Decker, Walter Hertel und und und.

Humsera mit Hahn: Liesel Rost vor dem Hahnenschlag 1977

Macht die Sandkerwa nicht kaputt!

Der Schluss unseres Buches ist eine Bitte: Macht die Sandkirchweih nicht kaputt! Lasst sie leben! Sichert ihre Zukunft! Die Bitte richtet sich gleichermaßen an Veranstalter und Besucher, und sie richtet sich auch an die Stadt; sie ist es schließlich, die ihre Hand über dieses große Volksfest halten sollte.

Wir sind zutiefst davon überzeugt, dass eine Stadt wie Bamberg einmal im Jahr ein großes Fest feiern muss, ein Fest, in dem sich die Mehrheit der Bürger dieser Stadt wiederfindet, mit dem sie sich identifizieren kann. Keine andere Veranstaltung im Jahr ist besser geeignet, diese Rolle zu übernehmen, als die Sandkirchweih. Nach fünfzig Jahren lässt sich dieser Schluss ohne Wenn und Aber ziehen. Die Sandkerwa passt zu Bamberg, passt auch zur Stadt, die dem Weltkulturerbe der Menschheit zugerechnet wird. Sie hat und hält menschliches Maß, sie kann auf technische Attraktionen verzichten: Ihre Attraktion ist die Altstadt und die Möglichkeit, in und mit ihr nach Herzenslust zu feiern.

Weil nicht zu erwarten ist, dass in den kommenden Jahren der Zustrom zur Sandkerwa stark nachlassen wird, es also voraussichtlich ein Problem bleibt, der Besuchermassen Herr zu werden, sollte man beizeiten darüber nachdenken, ob das recht eng zugeschnittene Festgebiet erweitert werden kann. Dabei sollte davon ausgegangen werden, dass der Fluss immer dessen Mitte sein sollte oder das verbindende Band. Unter dieser Prämisse gäbe es etliche Möglichkeiten, die Knoten des Festgebietes zu lösen und die Menschenmassen zu entzerren.

So könnte beispielsweise mit Hilfe der neuerbauten (zur Zeit noch viel zu wenig begangenen) Unteren Mühlbrücke der Brückenschlag hinüber zur Geyerswörthstraße erfolgen. Denkbar wäre, auch den Innenhof des Rathauses Geyerswörth in angemessener Weise für die Sandkirchweih zu nutzen. Vom alljährlichen Weinfest her wissen wir, wie schön es sich in ihm feiern lässt.

Schließlich empfiehlt es sich darüber nachzudenken, wie die Kerwa im Sand, sprich: das größte Bamberger Volksfest, inhaltlich aufgewertet werden kann. Das Jubiläumsprogramm für die 50. Sandkirchweih 2000 weist hier Erfolg versprechende Wege: durch mehr kulturelle Beiträge – Theater zum Beispiel –, durch mehr Musik, durch neu hinzugewonnene Spielstätten. Und vor allem auch zusätzliche Angebote für die Jugend der Stadt. Nur darüber zu klagen, dass sich viele Jugendliche nicht benehmen können, reicht nicht.

Und es muss, mehr noch als bisher, ein Ausgleich stattfinden zwischen den Ansprüchen und Erwartungen des Publikums und den Interessen der Anwohner. Der Bürgerverein IV. Distrikt und die Sandkirchweih-Veranstaltungs-GmbH sind zuversichtlich, dass ein solches Einvernehmen hergestellt werden kann – mit gutem Willen auf beiden Seiten und dem Hinweis, dass der „Ausnahmezustand Sandkirchweih" nur von kurzer Dauer ist. Auf einem anderen Blatt steht die Frage, wie es unabhängig von der Sandkirchweih mit dem Sandgebiet weitergehen soll. Handlungsbedarf besteht.

Ein Volksfest wie die Sandkirchweih braucht eine solide Finanzierung. Es gibt mehrere Möglichkeiten, eine solche Grundlage zu sichern. Die gerechteste wäre jene, alle Besucher an den Lasten mittragen zu lassen. Ob dies (nur) über den Verkauf von Festabzeichen bewerkstelligt werden kann, bleibt fraglich.

Und ein Letztes: Die Sandkerwa ist längst weit über Bamberg hinaus eine Attraktion. Im Reigen der großen fränkischen Feste hat sie einen Spitzenplatz. Damit ist zugleich festgestellt, dass ihr auch erhebliche touristische Bedeutung zukommt. Eine in Maßen reformierte und aufgewertete Sandkirchweih könnte im besucherschwachen Monat August Bamberg viele Gäste zuführen, auch solche, die länger als einen Tag hier verweilen. Gewiss gibt es für Bambergs Zukunft und die Wohlfahrt seiner Bürger eine ganze Reihe wichtigere Fragen als jene nach der Zukunft der Sandkirchweih: Arbeiten, Wohnen, Bildung, Stadtentwicklung, Wirtschaftswachstum, Stadt/Umlandverhältnis, das Verhältnis der Generationen zueinander, Freizeitwert. Aber vergessen wir über dem Alltäglichen nicht die Bedeutung des Festes, des Feierns. So wie die Woche den Sonntag braucht, so braucht auch das Jahr im Leben einer Stadt ein Fest. Die Sandkerwa ist nicht nur eines, sie ist *das* Fest für Bamberg.

Mittwoch, 23. August 2000

ab 14.00 Uhr Kirchweihbetrieb im Festgebiet sowie Rundfahrten auf der Regnitz (Einstieg am Kranen); Vergnügungspark im Fischerei-Schulhof

ab 18.00 Uhr Live-Musik im Festzelt am Leinritt mit *Peter Wackel*, am Katzenberg mit der *Corso Band*, in der Brudermühle und im Griesgarten

19.00 Uhr Abendgottesdienst in St. Elisabeth

Donnerstag, 24. August 2000

ab 13.00 Uhr Kindernachmittag im Festzelt mit der VHS-Puppenbühne Herrnleben; 1. Vorstellung 13.00 Uhr, 2. Vorstellung 15.00 Uhr

ab 14.00 Uhr Gondelfahrten auf der Regnitz (Einstieg am Wasserpodium)

18.00 Uhr Musik und Texte mit Werner Kohn, Uwe Gaasch und Waldi Bauer am Grünhundsbrunnen

ab 18.00 Uhr Live-Musik am Katzenberg mit *Big Sound Jack*, in der Brudermühle und im Griesgarten

19.00 Uhr Eröffnung im Festzelt durch Oberbürgermeister Herbert Lauer; Musik: *Die Auracher*

22.00 Uhr Lasershow Lichtspektakel auf der Regnitz

Freitag, 25. August 2000

ab 14.00 Uhr Gondelfahrten auf der Regnitz (Einstieg am Wasserpodium)

14.00 Uhr Seniorennachmittag im Festzelt mit den *Steigerwälder Großmüttern* und Rettl Motschenbacher

14.00 Uhr Kindernachmittag im Sandschlössla „Der liebe Herr Teufel" mit *Chapeau Claque* (Obere Sandstraße 31)

16.00 Uhr Regattarennen auf der Regnitz anlässlich des 1. Deutschen Gondeltreffens mit Teilnehmern aus Hamburg, Berlin, Leipzig und Venedig

18.00 Uhr Aufstellen des Kirchweihbaumes vor St. Elisabeth; Musik *Maintaler Blasmusik*

18.00 Uhr Live-Musik *Tex Döring* am Elisabethenplatz

ab 18.00 Uhr im Festzelt mit *Sound Express*, am Katzenberg mit *Just 4 Fun*, in der Brudermühle und im Griesgarten

ab 20.00 Uhr Abend der Schützen im Griesgarten Abholung Sandschützenkönig 1999, Proklamation Sandschützenkönig 2000

Samstag, 26. August 2000

ab 14.00 Uhr Gondelfahrten auf der Regnitz (Einstieg am Wasserpodium)

ab 14.00 Uhr Kindernachmittag vor St. Elisabeth Spielstraße von *Chapeau Claque*

15.00 Uhr Orgelkonzert im Kaiserdom mit Domorganist Markus Willinger

ab 15.00 Uhr Schüler- und Jugend-Fischerstechen Schirmherr: MdB Gerhard Scheu; Moderation: Norbert Heckmann; Teilnehmer: Rudergesellschaft Bamberg, Faltbootclub Bamberg, Untere Schiffer- u. Fischerzunft Bamberg, Schwimmverein Bamberg

ab 18.00 Uhr Live-Musik im Festzelt mit den *Ebrachgründer Spitzbuam*, am Katzenberg mit *Big Sound Jack*, in der Brudermühle und im Griesgarten

20.00 Uhr Kabarett *Die Tanten* im Dominikanerhof

ab 21.30 Uhr Italienische Nacht vor Klein-Venedig Auffahrt geschmückter Boote, Gondeln, Mascareten, Schelche, historische Kostüme, Bühnenfeuerwerk, Musik und Illumination

Sonntag, 27. August 2000

9.30 Uhr Festgottesdienst auf der Regnitz Zelebrant: Dompfarrer Dr. Gerhard Förtsch; Musik: *Gesellschaft Doppelquartett*/Hans-Martin Nöth

10.30 Uhr Frühschoppen im Festzelt mit *Melodie*

11.00 Uhr Jazz mit Frühschoppen am Elisabethenplatz

14.00 Uhr Kindernachmittag im Sandschlössla mit Varieté, Jonglage, Zauberei, Clowns und Akrobatik sowie Workshop mit *Chapeau Claque*

14.00 Uhr **Aufmarsch zum Fischerstechen** ab Markusplatz; Musik: *Maintaler Blasmusik*

ab 15.00 Uhr **49. Fischerstechen auf der Regnitz**
Schirmherr: OB Herbert Lauer; Moderation: Martin Stock; Teilnehmer: Pengertz Ratz'n aus Nürnberg, Schlierseer Buam, Untere Schiffer- und Fischerzunft Bamberg I/II; Einlage: Prominentenstechen und Cheerleader

17.00 Uhr **Konzert in St. Michael** mit Werken von Bach, Händel und Stanley mit dem Ensemble *Messa di Voce*

18.00 Uhr **Theater** Die *Gangolfsbühne* im Dominikanerhof: Moritaten mit Rolf Böhm, Sibylle Friz und Jan Burdinski

ab 18.00 Uhr **Live-Musik** im Festzelt mit *Jump*, am Katzenberg mit der *Corso Band*, in der Brudermühle und im Griesgarten

Montag, 28. August 2000

ab 14.00 Uhr **Gondelfahrten auf der Regnitz**
(Einstieg am Wasserpodium)

14.00 Uhr **Kindernachmittag an der Regnitz**
Abenteuer mit *Chapeau Claque* auf dem Lastkahn des Bürgervereins

18.00 Uhr **Hahnenschlag unterm Kirchweihbaum**
Leitung: Sand G'ma; Bürgermeisterin: Edelgard Koch; Musik: *Trachtenkapelle Tretzendorf/Trossenfurt*

ab 18.00 Uhr **Live-Musik** im Festzelt mit *Big Sound Jack*, am Katzenberg mit *Jump*, in der Brudermühle und im Griesgarten

22.00 Uhr **Jubiläumshochfeuerwerk**
vom Michelsberg zum Abschluss der 50. Bamberger Sandkerwa

Dracula

Quellen

Der Autor hat für seinen Text im Wesentlichen eine eigene Arbeit verwendet, die er 1980 zur 30. Sandkirchweih unter dem Titel „Erträumt, erfunden, erlebt" für das Kerwa-Programmheft geschrieben hat. Er bezog sich ferner auf unveröffentlichte Notizen und eigene Erinnerung. Wertvolle Hinweise entnahm er den alljährlichen Sandkerwa-Programmen, die ihm der Bürgerverein des IV. Distrikts dankenswerter Weise zur Verfügung gestellt hat. Die Zitate aus Berichten über die Theresienfeste ab 1833 stammen aus: „Ich habe Bamberg lieb gewonnen" von Gerhard C. Krischker (Bayerische Verlagsanstalt, Bamberg 1979), „Bamberg in alten und neuen Reisebeschreibungen", herausgegeben von Ulrich Predelli (Droste Verlag, Düsseldorf 1991) und „Alt-Bamberg" von Anton Schuster (14 Bände, Bamberg 1897/98–1914/15). Bei Gisela Bosch vom Bürgerverein IV. Distrikt bedankt sich der Autor für wertvolle Hinweise zur Geschichte der Sandkirchweih.

Bildernachweis

Hinweise zu Titel- und den Auftaktbildern der neun Kapitel finden sich auch beim Impressum (S. 4). Der Nachweis folgt dem Alphabet der Fotografennamen und der Chronologie der Seiten.

Emil Bauer: S. 7, 13, 19, 20 oben, 21 unten, 22, 23, 31 links oben, 32, 34 (2), 35, 36, 37, 38, 39, 40 unten, 43 unten, 45, 46 (2), 47 (2), 48 oben, 53, 55 links oben und links Mitte (2), 57, 61 oben, 62 rechts unten, 64, 79 rechts.

Werner Kohn: Titelbilder (Vorder- und Rückseite) sowie S. 26 (2), 29 (3), 33, 40 rechts oben, 41, 42 oben, 43 oben, 44, 50, 51, 52, 54, 59 (2), 61 unten, 63, 65, 66, 67 (2), 68 (2), 69, 70, 71, 82, 84, 86, 87.

Rudolf Mader: S., 20 unten (2), 21 oben, 48 unten, 55 rechts unten, 55 links unten sowie rechts oben und rechts Mitte (3), 56 (4), 58 (6), 60 (2), 72 (2), 73 (2).

Ronald Rinklef: S. 42 unten.

Jakob Schneyer: S. 17, 18.

Alfons Steber: S. 14, 25, 31 rechts oben und unten (2), 40 links oben, 79 links.

Bei etlichen Vorlagen, die wir dem Bürgerverein IV. Distrikt zu danken haben, sind die Bildautoren unbekannt. Etwaige Rechtsinhaber werden gebeten, sich beim Buchverlag des „Fränkischen Tags" zu melden.